Frank Simon / Hermann Strasser

Hans Weber – Lebens(t)räume

Frank Simon, Hermann Strasser

HANS WEBER

LebensTräume

ikotesVerlag

77815 Bühl/Baden · http://www.ikotes.com

Bibliografische Information der Deutschen Nationalbibliothek
Die Deutsche Nationalbibliothek verzeichnet diese Publikation in der Deutschen Nationalbibliografie; detaillierte bibliografische Daten sind im Internet über http://dnb.d-nb.de abrufbar.

3., vollständig überarbeitete Auflage 2016
ISBN 978-3-941626-32-4
http://www.ikotes.com
Herstellung: ikotes Verlag, 77815 Bühl/Baden
Druck und Bindung: Kösel GmbH & Co. KG

Inhaltsverzeichnis

Zeit-Info-Fenster

Vorwort

In dieser Lebensgeschichte verbindet sich die Biografie Hans Webers mit der Geschichte des Unternehmens WeberHaus im badischen Rheinau-Linx, unweit von Straßburg, das seit mehr als einem halben Jahrhundert besteht. WeberHaus ist nicht nur nach wie vor ein Familienunternehmen. Für Hans Weber ist das Unternehmen Teil der Familie, um nicht zu sagen: die Familie. Für so manchen Kunden hat er, hat WeberHaus, den Haustraum vom Traumhaus wahr gemacht.

Um diese Verflechtung offen zu legen und verständlich zu machen, bedienten sich die Biografen verschiedener Zeitzeugnisse und vieler Zeitzeugen als Sprachrohre der Vergangenheit. Zur Rekonstruktion der Vergangenheit und zur Ortsbestimmung der Gegenwart werteten sie eine Reihe von Quellen aus: Akten, Dokumente und Pressemitteilungen, die einschlägige Literatur sowie Interviews mit dem Protagonisten, den Familienangehörigen und verschiedenen Mitarbeitern des Unternehmens, Mitgliedern von Vereinen in der Region, Geschäftspartnern und nicht zuletzt Kunden.

Unser Dank gilt an erster Stelle den Mitgliedern der Familie Weber, der Geschäftsführung und den Mitarbeitern der Rheinau-Linxer Zentrale von WeberHaus, besonders dem Engagement von Seniorchef Hans Weber, seiner Frau Christel, seiner Tochter Heidi Weber, allesamt auch Geschäftsführende Gesellschafter im Unternehmen WeberHaus. Sie haben den Fortgang dieser integrierten Familien- und Unternehmensbiografie mit wachem Interesse verfolgt und entschieden Wert darauf gelegt, Text und Auswahl der Bilder nicht zu beeinflussen.

Ohne die sorgfältige Vorarbeit, die Auswertung von Bildmaterial und die organisatorische Betreuung von Carola Lasch wären die Recherchen zu den bisherigen Auflagen des Buches sehr viel mühsamer gewesen und weniger ausführlich ausgefallen. Deshalb gilt auch ihr unser besonderer Dank.

Die Biografen hoffen, der Maxime des großen Historikers Leopold von Ranke, zu „zeigen, wie es eigentlich gewesen", gerecht zu werden. Unser Ziel war, sowohl die Vorgeschichte zu erhellen, ohne die der berufliche Lebensweg von Hans Weber, die Gründung und Entwicklung des Unternehmens nicht verständlich wären, als auch die Quellen sprechen zu lassen, ohne die Pflicht, eine gut lesbare Darstellung zu präsentieren, zu vernachlässigen.

Umso mehr wünschen wir dem Leser eine spannende und aufschlussreiche Lektüre. Der Familie Weber sowie dem Unternehmen und seinen Mitarbeitern und Mitarbeiterinnen wünschen wir Jahre und Jahrzehnte des persönlichen Glücks und des wirtschaftlichen Erfolgs, auf dass weiterhin Lebensträume wahr werden und Lebensräume lebenswert bleiben.

Rheinau-Linx, 15. August 2016

Frank Simon
Hermann Strasser

Prolog

Deutschland im Jahr 1947: Zerstörung, Wohnungsnot, Hunger und Orientierungslosigkeit kennzeichnen die Lage der Nation. „Trümmerfrauen“, „Hamstern“ und „Organisieren“ sind die Schlagworte der Zeit. Unter der Kontrolle der alliierten Besatzer entwickelt sich aber auch neues Leben. Wiederaufbau und politischer Neubeginn stehen auf der Tagesordnung, und der jahrelang unterdrückte Hunger nach Kultur und unabhängiger Information bricht sich Bahn. Rundfunk und unabhängige Presse werden nach Kriegsende rasch neu organisiert, Konzerthäuser und Theater nehmen ihren Spielbetrieb wieder auf. Die Kinos zeigen neben ausländischen auch neue deutsche Filme, die den Alltag und die Lebensumstände der Trümmernation aufgreifen. Dramen wie „Draußen vor der Tür“ von Wolfgang Borchert, am 21. November 1947 in Hamburg uraufgeführt, thematisieren das Heimkehrerschicksal vieler Deutscher.

Ein kleiner Trupp von Heimkehrern besonderer Art erreicht an einem grauen Novembertag des Jahres 1947 nach langer Fahrt das kleine Dorf Linx im Hanauerland, im heutigen Baden-Württemberg, unweit von Straßburg. Als das Pferdefuhrwerk mit der Mutter, ihren drei Kindern und dem Schwager zum Stehen kommt, blicken sich die Passagiere mit gemischten Gefühlen um. Sie sind endlich am Ziel ihrer langen Reise, die Wochen zuvor im japanischen Funatsu begonnen hatte und auf dem US-Truppentransporter General W. M. Black ihre Fortsetzung fand. Sie sind erschöpft, die Kinder erwartungsvoll, die Mutter voll banger Sorge, die kleine Familie mittellos. Hier also, in diesem Dorf mit den ungeteerten Straßen, würden sie nun leben.

In ihrer bisherigen Wahlheimat im fernen kolonialen Niederländisch-Ostindien, wo Vater Friedrich fast 20 Jahre lang als Bautechniker für eine holländische Firma gearbeitet hatte und wo die drei Kinder zur Welt gekommen waren, galten auch deutsche Zivilisten nach Hitlers Einmarsch in den Niederlanden 1940 als „feindliche Ausländer“. Und so begann eine viele Jahre dauernde Reise über Japan nach Deutschland.

Denn nach Kriegsende will die Familie – inzwischen vaterlos geworden – heimkehren: an den Ort, wo ihre Wurzeln sind. Hier in Rheinau-Linx sollte später eines der eben angekommenen Kinder eine herausragende Rolle spielen und seine Profession einmal damit zu tun haben, was die Familie jetzt so dringend braucht: ein neues Zuhause und ein Dach über dem Kopf. Der Name des Jungen, damals elf Jahre alt, ist Hans Weber.

Von Rheinau-Linx nach Indonesien und zurück

1. Wurzeln der Familie

Mit der Ankunft in Linx befand sich Hans Weber am Ausgangspunkt seiner Familiengeschichte – dort, wo alles begann. Seine Eltern, Friedrich und Luise Weber, geborene Häfele, stammten von hier. Großvater Weber war Zimmermann – wie sein Sohn Friedrich, wie später sein Enkelsohn Hans und wie alle Männer in der Familie, soweit man zurückblicken kann. Auch die mütterliche Linie weist gestandene Handwerker auf, nämlich Maurer.

Hans Webers Vater Friedrich, geboren am 18. Dezember 1893, hatte seine Zimmererlehre von 1909 bis 1912 bei Jakob Fässler im badischen Lichtenau absolviert. Stolz zeigt der Sohn gelegentlich noch heute seinen Besuchern den Gesellenbrief des Vaters von 1911. Nach bestandener Prüfung legte der junge Friedrich Weber täglich die etwa 15 Kilometer bis zur nächst größeren Stadt, nämlich Straßburg, zu Fuß zurück, denn Arbeit für einen Zimmermann gab es in seinem Heimatdorf Linx nicht.

Einige Jahre arbeitete er hier als Geselle, bis im August 1914 der Erste Weltkrieg ausbrach und Friedrich Weber mit 20 Jahren zur Kriegsmarine eingezogen wurde. Sein erster Einsatz führte ihn an einen exotischen Schauplatz: nach China. Hier galt es, das deutsche Pachtgebiet Kiautschou mit der Festungshauptstadt Tsingtao (heute: Quingdao) gegen die Japaner zu verteidigen. Von 1898 bis 1919 stand dieses Gebiet an der ostchinesischen Küste unter dem „Schutz" des Deutschen Reiches, das hier eine Musterkolonie mit Militär- und Zivilverwaltung, Trinkwasseranlagen und einer Brauerei errichtet hatte. Im November 1914 geriet der junge Matrose in der 5. Kompanie der Matrosenartillerie-Abteilung Kiautschou in japanische Gefangenschaft. Unter der Gefangenen-Nummer 4319 wurde er zuerst im Lager Tokushima, ab dem 9. April 1917 im Lager Bando geführt.

Friedrich und Luise Weber mit ihren Söhnen Wilhelm und Hans 1938 auf Java

Nach neueren Nachforschungen wurde Friedrich Weber erst im Dezember 1919 entlassen. Jedenfalls bot sich nach fünf Jahren japanischer Gefangenschaft dem gelernten Baufacharbeiter die Möglichkeit, für eine holländische Firma in Indonesien tätig zu werden. „Mein Vater dachte sich wohl: Nichts wie weg!“, mutmaßt Sohn Hans später. Es ist in der Tat sehr wahrscheinlich, dass Friedrich die gute Gelegenheit sofort ergriff und sich als Arbeiter für die „Hollandsche Beton Mij“ in Makassar meldete. 1920 reiste er nach Niederländisch-Ostindien aus, dem heutigen Indonesien.

Hier wurde Friedrich sesshaft. Im Laufe von mehr als zwanzig Arbeitsjahren stieg er durch Fleiß, Ehrgeiz und handwerkliches Können vom einfachen Zimmermann zum Bauleiter und schließlich zum Oberbauleiter von Großprojekten auf. Für seinen holländischen Arbeitgeber baute Friedrich Weber alleinverantwortlich Schulen, Krankenhäuser und Regierungsgebäude, wie seine Nachfahren heute stolz berichten. Und da der Vater Großbaustellen leitete, ergaben sich zwangsläufig häufige Ortswechsel.

Das private Glück ließ allerdings noch auf sich warten. Friedrichs erste Ehe mit einer Frau aus dem heimatlichen Nachbarort Holzhausen stand unter keinem guten Stern: Sie vertrug das tropische Klima nicht und starb. Während eines zweimonatigen Heimaturlaubs, der nur alle paar Jahre möglich war, heiratete der Witwer 1931 ein zweites Mal: Die Auserwählte war Luise Häfele – aus Linx, wie er selbst. Gemeinsam gingen sie zurück nach Südostasien.

2. Kindheit in Fernost

Auf Java kam am 27. Juli 1932 das erste Kind von Friedrich und Luise Weber zur Welt: Sohn Wilhelm. Hans wurde vier Jahre später, am 28. September 1936, in Pangalan-Brandan auf Sumatra geboren. Kurz vor der Geburt des dritten Kindes hatten die Eltern mit den kleinen Söhnen eine Reise nach Deutschland angetreten und bei dieser Gelegenheit Hans in Karlsruhe taufen lassen. Welch ein Abenteuer, mit zwei Kleinkindern von Indonesien ins Badische zu reisen! Vier Wochen dauerte damals die Schiffsreise. Es muss eine sehr reiselustige

Niederländisch-Ostindien

Mit dem Begriff Niederländisch-Ostindien oder Niederländisch-Indien wurde das Gebiet des heutigen Indonesiens während der niederländischen Kolonialherrschaft vom 17. Jahrhundert bis 1949 bezeichnet. Es bestand aus einer Inselgruppe von mehreren tausend Kilometern Ausdehnung.

Mit der Entdeckung des Seeweges nach Indien durch Vasco da Gama 1499 stießen gegen Ende des 15. Jahrhunderts die Portugiesen in den südostasiatischen Raum vor, um den Gewürzhandel aufzunehmen.

1602 kam es zur Gründung der großen Niederländischen Ostindien-Kompanie VOC („Verenigde Oostindische Compagnie“), ein Zusammenschluss holländischer Kaufleute.

Im selben Jahr brach die erste Expedition zu den Gewürzinseln, den Molukken, auf. 1619 eroberte der niederländische Handelsgouverneur Jan Pieterszoon Coen zur Sicherung der Handelswege das heutige Jakarta (früher: Jayakarta) und gründete Batavia, wohin die VOC ihr Hauptquartier verlegte.

Die VOC, die ihren Sitz in Amsterdam und Middelburg hatte, wurde der erste multinationale Konzern und das größte Handelsunternehmen des 17. und 18. Jahrhunderts. Die wirtschaftliche Macht der Gesellschaft basierte vor allem auf der Kontrolle des Gewürzhandels mit Europa, ein Monopol, das über zwei Jahrhunderte aufrechterhalten werden konnte.

Im Kampf um den kolonialen Machterhalt gegen Einheimische, Portugiesen und Engländer erfolgten ständige holländische Gebietserweiterungen, bis um 1900 das gesamte heutige Indonesien zu Niederländisch-Ostindien wurde.

und heimatverbundene kleine Familie gewesen sein, die sich nicht scheute, für eine Stippvisite in ihre ferne Heimat Kind und Kegel startklar zu machen. Zumal Luise Weber damals auch noch in anderen Umständen war. Tochter Gretel entpuppte sich als echtes Christkind. Sie vervollständigte das Trio am Heiligen Abend des Jahres 1939. Zu diesem Zeitpunkt war der Zweite Weltkrieg in Europa bereits ausgebrochen, aber noch weit weg von Südostasien.

Webers jüngerer Sohn Hans entwickelte – ganz der Papa – schon früh eine Leidenschaft fürs Bauen. Bereits als kleiner Knirps wollte er es dem Vater gleich tun. „Zusammen mit unserem Hausmädchen besuchte ich ihn auf einer Baustelle. Er schickte mich weg, und ich war beleidigt, weil er mich nicht brauchen konnte.“ Wie gefragt sein Talent einst sein würde, das konnte Hans Weber damals natürlich noch nicht erahnen.

Familie Weber auf Heimaturlaub 1939: Friedrich Weber, Tante Mina Rösch, geb. Häfele, Luise Weber, vorne Wilhelm und Hans

Mit dem guten nachbarschaftlichen Verhältnis zwischen den in Indonesien lebenden Holländern und Deutschen war es schlagartig vorbei, nachdem die Nationalsozialisten am 10. Mai 1940 in Holland einmarschiert waren. Deutsche Zivilisten, egal wie lange sie schon im Lande lebten, wurden auch in der Kolonie von einem Tag auf den anderen zu Feinden. Sie mussten „unschädlich" gemacht und außer Landes gebracht werden, bevor sie womöglich, als kriegstauglich anerkannt, zum Einsatz kamen. Wie viele andere deutsche Männer wurde auch Friedrich Weber von Frau und Kindern getrennt und hinter Stacheldraht interniert.

Die Geschwister Wilhelm, Gretel und Hans 1940 in Indonesien

An den Vater selbst kann sich Hans Weber kaum mehr erinnern, seine Abholung jedoch ist ihm als furchtbares und einschneidendes Ereignis im Gedächtnis geblieben: „Ich war fünf Jahre alt, als mein Vater ins Internierungslager gesperrt wurde. An die Tränen, die damals – und auch noch Jahre später – flossen, kann ich mich noch gut entsinnen. Meine Mutter weinte unaufhörlich. Damals begriff ich natürlich nicht, was passierte. Meine Mutter erklärte mir, dass mein Vater in ein Internierungslager käme. Was man dort mit ihm vorhatte, war ungewiss. Er sagte mir beim Abschied, ich solle der Mutter gegenüber brav sein – an mehr kann ich mich nicht erinnern."

Wie mag es Friedrich Weber im Lager ergangen sein? Mit Dutzenden von Leidensgenossen in Baracken eingepfercht, getrennt von Frau und Kindern, von den ehemaligen holländischen Freunden gedemütigt, von den Aufpassern schikaniert und jetzt auch noch weit weg von der geliebten Heimat. Doch dann ein Funken Hoffnung: Die deutschen Männer sollten mit Hilfe dreier holländischer Frachter nach Kolumbisch-Indien ausgeschifft werden. Zwischen 400 und

Der Krieg in Ostindien und die Gründung Indonesiens

Im Mai 1940 marschierten die Deutschen in den Niederlanden ein. Damit wurden Deutsche und Holländer auch in den Kolonien zu Kriegsfeinden.
Die Achsenmacht Japan erklärte den Niederlanden am 11. Januar 1942 den Krieg und eroberte Niederländisch-Indonesien.

Für Kriegs- und Zivilgefangene errichtete die japanische Armee Internierungslager. Am 15. August 1945 kapitulierten die Japaner in Indonesien, zwei Tage später rief Sukarno die Unabhängigkeit der freien Republik Indonesien aus.
Zwischen indonesischen Unabhängigkeitskämpfern auf der einen Seite und niederländischen Truppen auf der anderen Seite kam es zu blutigen Auseinandersetzungen.
Erst im April 1949 waren die Niederlande bereit, Indonesien aufzugeben und das Land am 27. Dezember offiziell in die Unabhängigkeit einer Republik Indonesien zu entlassen.

500 Männer wurden pro Frachter zugeteilt und stachen in See. Zwei der Schiffe kamen durch. Das dritte, die Van Imhoff (2980 BRT), wurde am 19. Januar 1942 westlich von Sumatra von Japanern bombardiert. Mit an Bord war Friedrich Weber.

Was die Ereignisse an Bord und auf See betrifft, sind sich die Historiker einig: Keine Flagge hatte die Angreifer darauf hingewiesen, dass es sich um einen Gefangenentransport handelte. Als die Van Imhoff mit 478 deutschen Zivilinternierten und einer holländischen Besatzung von 110 Mann sank, ging die gesamte Mannschaft mit dem holländischen Kapitän Hoeksema in die Rettungsboote. Unter Androhung der Erschießung wurde den deutschen Zivilgefangenen untersagt, sich ebenfalls in die Boote zu retten. So ertranken die meisten, und nur wenige Überlebende konnten sich auf kleinen Booten und Flößen in Sicherheit bringen. Sie wurden am nächsten Tag von einem Flugboot der niederländischen Marine gesichtet, das den holländischen Dampfer Boelongan herbeirief. Doch der Kapitän ließ erbarmungslos abdrehen, als er erfuhr, dass es sich bei den Schiffsbrüchigen ausschließlich um Deutsche handelte. Nur wenige Männer konnten sich auf eine Insel retten, die Übrigen ertranken qualvoll.

Ein Klassenfoto von 1946: Hans Weber in der unteren Reihe, der sechste Schüler von links

Nach dem Krieg gab es berechtigte Spekulationen über eine Anweisung an die Evakuierungsdampfer, deutsche Schiffbrüchige nicht zu retten.

Friedrich Weber, zum zweiten Mal in seinem Leben in die Wirren eines Krieges verwickelt, gilt seit 1942 als vermisst. Mit hoher Wahrscheinlichkeit ist davon auszugehen, dass er zu den Unglücklichen gehörte, die auf der Van Imhoff ums Leben kamen. Er war 48 Jahre alt.

Im Strudel der Kriegsereignisse im Pazifik kamen 1942 die Japaner als Sieger über die Kolonialmächte nach Holländisch-Indonesien, das im März kapituliert hatte. Fast 350 Jahre holländischer Herrschaft waren vorüber. Die Einheimischen begrüßten die japanischen Eroberer anfänglich auch als Befreier.

Hans Weber berichtet, was weiter geschah: „Die Japaner brachten uns Deutsche als Verbündete per Schiff nach Japan. Ich erinnere mich, dass ich auf hoher See operiert werden musste, weil ich wegen des vielen Laufens an Deck eine riesige vereiterte Blase an der Ferse hatte. Erst als wir schon in Yokohama waren, erfuhren wir, dass eines der drei Schiffe mit den deutschen Zivilgefangenen an Bord untergegangen war. Schließlich erreichte uns auch die Nachricht von der Bombardierung der Van Imhoff. 411 deutsche Zivilinternierte seien im Indischen Ozean umgekommen, hieß es. Das war natürlich eine furchtbare Nachricht. Außer meiner Mutter gab es noch weitere Frauen in unserer Umgebung, die ihre Männer bei dieser schrecklichen Tragödie verloren hatten. Man wusste zu diesem Zeitpunkt noch nichts Genaues, es gingen die tollsten Gerüchte um. Von da ab wurde es sehr, sehr traurig für uns. Wir waren nicht nur getrennt, sondern wirklich alleine – ohne meinen Vater."

Für Luise Weber war die Situation besonders schwierig. Sie war nun mit drei kleinen Kindern allein, von denen eines, Wilhelm, zudem von Geburt an geistig behindert war. Kein Arzt konnte sich die Entwicklungsdefizite des Kindes erklären. Erst durch einen Zufall erfuhr die Mutter die Ursache. Bei einem Spaziergang durch die Straßen von Yokohama fragte sie ein deutscher Arzt, ob sie während der Schwangerschaft Röntgenbestrahlung erhalten habe. Sie erinnerte sich an die folgenschwere Röntgenaufnahme. Wilhelm war ein so genanntes „Röntgenkind". Wie schädlich die Strahlen für ein Ungeborenes sein konnten, war damals noch nicht bekannt. Der kleine Wilhelm blieb sein Leben lang auf dem geistigen Stand eines Vierjährigen.

Von 1942 bis 1947 lebten die Webers in Japan. Zunächst in Yokohama, wo Hans den deutschen Kindergarten und dann die deutsche Schule besuchte. Als 1944 die amerikanischen Bombenangriffe auf Japan einsetzten, wurde die Familie in ein Hotel am Fuße des Fujiyama evakuiert. Es diente als Auffanglager für die Deutschen – für Mütter mit Kindern. Hans ging in Funatsu zur Schule und erinnert sich: „Die Schule war ein Provisorium. In der 2. Klasse hieß es, ich hätte so gute Noten und sei so groß, ich könnte die 3. Klasse überspringen. So kam ich gleich in die 4. Klasse. Im Nachhinein muss ich sagen, dass dies ein Fehler war. Denn später gab es

Fliegeralarm und damit verbunden Unterrichtsausfälle, so dass mir viel Lernstoff entging."

Aufgrund von Wilhelms Behinderung erhielt die Familie ein Häuschen für sich alleine, während andere deutsche Frauen mit ihren Kindern in Hotels untergebracht wurden. Der Bungalow, in dem die drei Geschwister mit der Mutter wohnten, war ein japanisches Holzhaus. Statt der landesüblichen Strohmatten – Tatami genannt – bestand der Fußboden aus breiten Dielen. Geheizt wurde mit Holz und Holzkohle, woran sich Hans Weber ebenso erinnert wie an den Kawakuschiko-See, an dem sich ihr Haus befand: „Im Winter fror er 30 Zentimeter tief zu. Und wir verfügten trotz Eiseskälte nur über improvisiertes Schuhwerk. Deutsches Essen erhielten wir von deutschen Schiffen, die uns aber auch australisches Corned Beef lieferten. Teilweise blieben die Schiffe an der japanischen Küste mit riesigen Lebensmittelladungen hängen und konnten nicht mehr weiterfahren. Anfangs war das eine ergiebige Quelle, später musste man auf japanische Nahrungsmittel zurückgreifen. Das Hauptnahrungsmittel Reis gab es in Hülle und Fülle. Die Frauen ‚zauberten' ansonsten unheimlich viel. Auch meine Mutter war eine gute Köchin. An Essen mangelte es uns jedenfalls nicht. Zu uns gehörte ein Stück Garten, das ich bewirtschaftete. Dort pflanzten wir unsere eigenen Kartoffeln an. Das machte mir Spaß, inzwischen habe ich allerdings das Gärtnern wieder verlernt."

Kinder nehmen die Dinge, wie sie kommen, und so wuchsen Wilhelm, Hans und seine kleine, blond bezopfte Schwester Gretel trotz der widrigen Umstände mit einem Gefühl von Freiheit auf. Gretel Düll, geborene Weber, erinnert sich noch heute mit Freude daran: „Ich habe meine Kindheit in Japan als schön empfunden. Wir waren frei und konnten überall herumstreunen – im ganzen Ort und auch im Wald. Ich war immer viel mit anderen Kindern unterwegs."

Die Kinder wurden aber auch in tägliche Pflichten eingebunden. Gretel musste auf den behinderten Bruder aufpassen, der um drei Jahre ältere Hans war schon „vielseitig einsetzbar" und der Mutter eine große Stütze in schwerer Zeit, wie Gretel bestätigt: „Hans war als Kind schon Ansprechpartner für unsere Mutter. Er war ein guter Organisator. Sei es Brennmaterial oder was auch immer – Hans sorgte für alles." Dabei dachte er nicht nur an die eigene Familie, sondern auch an die japanischen Nachbarn, die ein bisschen Unterstützung genauso nötig hatten: „Damals gab mein Bruder den Japanern, die unter uns wohnten, immer etwas ab. Das haben sie bis heute nicht vergessen." Die fremde Sprache und Kultur stellten für den Jungen keine Hürde dar. Er verstand sich mit den Japanern, sprach schon als Junge ihre Sprache. Sein bester Freund wurde der gleichaltrige Noboru, Sohn der japanischen Nachbarn.

Für Hans war es eine Zeit, die seinen fürsorglichen, aber auch organisierenden Charakter stark formte. Und er lernte Japan in der alltäglichen Praxis kennen, Deutschland nur vom Hörensagen und die Amerikaner als Besatzer Japans. Der Kontakt zu anderen Deut-

Hans Weber 1945 mit seinem japanischen Freund Noboru

schen beschränkte sich auf jene Frauen und Kinder, die ebenfalls evakuiert waren. Das gemeinsame Schicksal schweißte sie zusammen. Auch hier hielten manche Bande ein Leben lang, wie die zur Familie Scheller: „Sie wohnten im Bungalow neben uns", erinnert sich Hans Weber. „Als wir wieder nach Deutschland gebracht wurden, gingen die Schellers nach Chemnitz, woher sie ursprünglich kamen. Nach der Wende fuhr ich gleich zu ihnen hinüber. Vater Scheller war damals über 90 Jahre alt. Auch er war wie mein Vater auf einem Frachtschiff, das jedoch unbeschadet nach Kolumbisch-Indien durchkam. Ich fragte ihn, ob er nicht alles aufschreiben könne. Und tatsächlich kaufte er sich sofort eine Schreibmaschine und tippte mit zwei Fingern einen originalgetreuen Bericht über seine Zeit in Indonesien. Ich ließ diese Erinnerungen zu einem Buch binden. Seine ‚Erinnerungen an Indonesien' lesen sich wie ein spannender Roman."

Die Abende verbrachte man im Familienkreis. In Ermangelung moderner technischer Errungenschaften wie einem Radio erzählte Luise Weber ihren Kindern Geschichten, Geschichten aus der fernen Heimat, Geschichten von zu Hause. Sie erzählte auch davon, wie ordentlich in Deutschland alles sei. Dass man samstags die Straße fegte. Und dass die Bauern in Deutschland viel größere Felder bewirtschafteten als die Japaner, die nur kleine Stückchen felsigen Bodens besaßen. Deutsche Bauern zögen ihren Pflug mit Pferden oder Kühen, nicht mit reiner Menschenkraft wie in Asien. In Deutschland sei alles anders, das Land im Gegensatz zu Japan riesig, besonders die Häuser größer.

Den Japanern ging es tatsächlich miserabel. Überall in Ostasien führten sie Krieg. Alle Männer und Söhne waren eingezogen. Hans Weber sah Tausende japanische Soldaten vorbeimarschieren: „Meist waren sie auf dem Weg in einen Kampf, viele kippten vor Überanstrengung um. Die Männer waren oftmals 100 Kilometer unterwegs, um zu einem Hafen zu kommen – immer zu Fuß. In Japan gab es kaum noch Lastwagen. Die meisten Fahrzeuge waren nach China und Korea verschifft worden."

Die Auswirkungen des Luftkrieges spürten die Webers nur indirekt. Zwar flogen die Amerikaner mit großen Geschwadern über sie hinweg, aber die Angreifer nahmen Kurs auf den Fujiyama und bogen dann links ab nach Tokio – ihrem Ziel entgegen. Mit Tausenden von Flugzeugen griff Amerika den japanischen Feind an – Nacht für Nacht. Für die Zivilbevölkerung der blanke Terror, was unter den evakuierten Deutschen das Gefühl der Solidarität mit den Japanern noch stärkte.

Die japanische Bevölkerung ergab sich ihrem Schicksal, als der Kaiser sich im August 1945 gegen seine Generäle durchsetzte, ein Machtwort sprach und kapitulierte. Endlich herrschte Ruhe. Von den grauenhaften Folgen der Atombombenabwürfe auf Hiroshima und Nagasaki bekam die Familie Weber in ihrem Holzhäuschen am Fuße des Fujiyama nichts mit. Das war Gott sei Dank weit weg.

Mit dem Kriegsende kamen die Amerikaner ins Land. Hans Weber wird auch diesen Tag im Jahre 1946 niemals vergessen: „Man sah die amerikanischen Soldaten schon von Ferne auf einem Lastwagen herankommen. Wir versteckten uns schnell. Aber sie entdeckten uns Kinder natürlich, nicht wissend, was es mit diesem ‚Camp‘ und den Deutschen dort auf sich hatte. Und so organisierten sie schließlich eine Übergabe. Dummerweise sprach kein Mensch von uns Englisch, die Amerikaner natürlich kein Deutsch. Da kam jemand auf die Idee, mich zu holen. Unter den US-Soldaten gab es einen japanischen Dolmetscher. Der Mann war japanischer Abstammung, gehörte aber der amerikanischen Armee an. Für ihn übersetzte ich das Deutsche ins Japanische, und er übersetzte es anschließend ins Englische. Ich war damals zehn Jahre alt.“

Insbesondere bei den Jüngsten erfreuten sich die GIs großer Beliebtheit. „Sie verwöhnten uns Kinder und waren froh, uns zu sehen. Sie hatten jahrelang Krieg geführt, waren lange nicht zu Hause bei ihren Familien gewesen. Schokolade und Vieles, was wir nicht mehr oder noch nicht kannten, bekamen wir jetzt geschenkt. Einmal fragten mich ein paar von den US-Soldaten, ob ich auch eine ‚sister‘, eine Schwester, hätte. Und sie dachten dabei sicher an eine Achtzehnjährige. ‚Ja', sagte ich – und kam mit meiner sechsjährigen Schwester an. Oh, haben die gelacht! Aber sie verwöhnten Gretel sehr, waren ganz verrückt nach ihr. Meine Schwester wurde von den Amerikanern ständig auf dem Arm herum geschleppt."

3. Rückkehr nach Deutschland und Neubeginn

1947 erklärten sich die Amerikaner bereit, die Deutschen aus Japan zurück in die Heimat zu bringen. Luise Weber und ihre drei Kinder wurden mit der General W. M. Black, einem gigantischen 8.500 PS starken Truppentransporter mit 512 Mann Besatzung, in Yokohama eingeschifft und nach Shanghai gebracht, wo noch mehr deutsche Passagiere – überwiegend Mütter mit Kindern – aufgenommen wurden. Dann ging es weiter über den Indischen Ozean und durch den Suezkanal. Dass Deutschland in Schutt und Asche lag, wussten die meisten. Trotzdem waren die über 3.000 Passagiere froh, nach langen Jahren in der Diaspora endlich wieder nach Hause zu kommen.

Hans Webers Augen leuchten noch heute, wenn er an den Schiffstransport denkt, auch wenn er nie erfahren hat, ob der deutsche Staat etwas dafür zahlen musste: „Die Reise war ein Riesenerlebnis: Die amerikanische General W. M. Black war ein 18.000-Tonner, also damals schon ein Riesenschiff. An Bord konnte man sich bewerben, um in der Küche oder im Lager zu helfen. Ich meldete mich für das Lager. Ich war überwältigt von der Schokolade und dem Eis, die ich in den Laderäumen sah. Wahnsinn! Das war schon ein Erlebnis für uns Kinder. Wir bekamen kein Geld für unsere Mithilfe, aber wir waren ja froh, dass wir etwas zu schlecken und zu essen hatten."

Auch auf Gretel Weber machten diese Schätze großen Eindruck: „Das war ein Paradies für uns. Was es dort alles gab: Wir aßen zum ersten Mal Eis – so etwas hatten wir vorher noch nie gesehen. Deshalb dachte ich eigentlich, in Deutschland wird alles toll. Natürlich war es aber dann ganz anders."

Ob es am Eis lag oder einfach nur am Wetter – im Golf von Biskaya wurde der tapfere Hans seekrank: „Die Wellen gingen so

Das Schicksalsjahr 1947

04.01.	In Hannover erscheint erstmals das Nachrichtenmagazin „Der Spiegel“
05.06.	US-Außenminister George C. Marshall verkündet an der Harvard Universität ein wirtschaftliches Aufbauprogramm für Europa (ERP – European Recovery Program), das als Marshall-Plan bekannt wird
18.08.	Erste Nachkriegs-Exportmesse Hannover (Expo) wird eröffnet
20.11.	In London heiratet Prinzessin Elizabeth, die spätere Königin Elizabeth II. von Großbritannien, Oberleutnant Philip Mountbatten
29.11.	Die UN-Vollversammlung beschließt die Teilung Palästinas in einen jüdischen und einen arabischen Staat

hoch, dass man nicht mehr auf die Plattform hinaus durfte. Ich konnte nicht mehr aufstehen, musste in der Koje liegen bleiben. Als es mir wieder besser ging und ich wieder ins Lager zurück konnte, wurde ich dort vom Vorsteher, einem Amerikaner indonesischer Abstammung, ganz schön zusammen gepfiffen. Warum ich denn nicht gekommen sei? ‚Seasick‘, gab ich als Grund an. Da wurde er wieder friedlich. Uns ging es gut auf dem Schiff.“ Im Oktober 1947 erreichte die General W. M. Black Bremerhaven, wo die Webers an Land gingen und registriert wurden.

Ein bisschen klamm wird den Kindern wohl zumute gewesen sein in diesem Umzugswirrwarr zwischen Schiff und Bahn und den vielen Menschen. Gretel weiß noch heute zu berichten: „Mit einem Sonderzug fuhren wir bei offenen Fenstern und alle dicht an meine Mutter geschmiegt in das Auffanglager nach Ludwigsburg weiter. Dort zeigte Hans wieder einmal sein Organisationstalent. Er kümmerte sich um das Gepäck und um vieles andere.“ Auch in den Aufzeichnungen der Mutter heißt es: „Ich brauchte mich um nichts zu kümmern. Hans nahm mir alles ab.“ Der Junge war gerade elf Jahre alt geworden.

Nun hieß es, den Gürtel sehr eng zu schnallen: „Während der zwei Tage, in denen wir unterwegs waren, erhielten wir keinerlei Verpflegung. Was ursprünglich für uns gedacht gewesen war, wurde scheinbar unter der Hand verkauft, es waren jedenfalls keine Lebensmittel mehr da. Mutter ging auf die Bahnsteige und bettelte die Leute um Essen für uns an. Und die Menschen, die gerade unterwegs waren zu ihrer Arbeitsstelle, packten ihr Vesperbrot aus und gaben es uns." Dass Hans Weber auch hier das Positive der Situation hervorhebt, ist typisch für seine optimistische Lebenseinstellung. Ein Charakterzug, der sich damals wie später als nützlich erweisen und von dem auch seine Umgebung profitieren sollte. Von der tüchtigen Art, die der Junge schon im Kindesalter eindrucksvoll unter Beweis stellte, konnte sich so mancher Erwachsene „eine Scheibe abschneiden". Vater Friedrich wäre sicherlich stolz auf seinen Sohn gewesen!

Eine große Portion Lebenstüchtigkeit musste man schon mitbringen, um alles unbeschadet zu überstehen, was die drei Weber-Kinder und ihre Mutter in den letzten Jahren erlebt hatten. Am schwersten wog in dieser Bilanz sicherlich der Verlust des Vaters und Ehemannes. Das Alleinsein muss für Luise Weber jetzt, als sie wieder einmal neu anfangen musste, eine schwere Last gewesen sein. Nach dem Aufenthalt in Indonesien und sechs Jahren in Japan war sie nach langen Jahren in der Ferne wieder zu Hause.

Doch die alte Heimat glich einem Trümmerfeld. Der Zweite Weltkrieg hatte ungeheures Leid und Elend mit sich gebracht. 55 Millionen Menschen fanden weltweit den Tod, 21 Millionen verloren ihr Zuhause – so die schreckliche Bilanz des sechsjährigen mörderischen Ringens. Deutschlands Infrastruktur war weitgehend zerstört. In allen vier Besatzungszonen herrschte Wohnungsnot und Nahrungsmangel. Die Versorgungslage der Bevölkerung war zum großen Teil katastrophal. Auch an dem kleinen Dörfchen Linx, mit damals 850 Einwohnern, war der Krieg nicht spurlos vorübergegangen. 205 Linxer kämpften an verschiedenen Fronten, 43 kehrten nicht mehr zurück. Ein Bombenangriff in der Endphase des Krieges

1945 kostete drei Einwohnern das Leben, fünf Häuser lagen in Schutt und Asche.

Wie würde es für Luise Weber weitergehen? Wovon sollten sie und die Kinder leben? Fürs erste konnte man auf die nähere Verwandtschaft zählen.

Onkel Karl, ein Bruder von Friedrich Weber, holte die Familie in Ludwigsburg ab. Vom Bahnhof Kork aus ging es mit dem Pferdefuhrwerk weiter nach Linx. Gretel Weber erinnert sich noch gut: „Es war November, alles grau in grau. Geteerte Straßen gab es noch nicht. Auf die Zerstörungen in Deutschland waren wir gefasst gewesen. Trotzdem war der Anblick nicht gerade ermutigend. Aber als siebenjähriges Kind ging man darüber hinweg. Wir wollten unbedingt nach Hause. Dieser Wunsch war durch die Erzählungen meiner Mutter besonders ausgeprägt. ‚Linx ist unser Zuhause, von daher stammen wir und dort sind unsere Verwandten', hatte sie immer gesagt."

Wer könnte sie nicht nachvollziehen, Luise Webers Liebe zur Heimat, fügte sich das Dörfchen Linx doch aufs Schönste in die üppige Landschaft des Oberrheins ein! Von Feldern umgeben, die Ausläufer des Schwarzwaldes vor Augen, Vater Rhein direkt vor der Haustür. Viele Nachbarn aus dem von den Franzosen besetzten Kehl hatten in Linx Zuflucht gefunden. Hier war die Welt noch halbwegs in Ordnung, das dörfliche Miteinander funktionierte. Die Menschen der Ortenau seien rechtschaffen, fleißig und gottesfürchtig gewesen, wie es in späteren Rückblicken immer wieder hieß. Das Leben war hart und karg, doch der Zusammenhalt im Dorf und vor allem in der Familie war groß und auf die Verwandten war Verlass.

Mit der Einquartierung bei Onkeln, Tanten und Geschwistern gab es keine Probleme. Hans Weber schlief bei seinem Onkel Karl, die Mutter, Gretel und Wilhelm wurden bei Mina, der jüngsten Schwester von Luise Weber, in einem kleinen Fachwerkhäuschen untergebracht. Kurz nach ihrer Ankunft stellte Luise Weber einen Antrag auf Witwenrente. Kein leichtes Unterfangen: Die holländische Firma, bei der ihr Mann angestellt gewesen war, wollte ihr eine

Pension zahlen, aber die Deutschen keine Rente, wenn sie die holländischen Zuwendungen in Anspruch nähme, wie zunächst verlautete. Nach langem Hin und Her lenkten die deutschen Behörden schließlich ein.

Sicher waren die beengten Lebensbedingungen nicht immer einfach – Dankbarkeit hin, Verwandtschaft her. Doch im Großen und Ganzen richtete sich die kleine Familie in der neuen alten Heimat recht gut ein. Hunger leiden, wie so viele Menschen im Nachkriegsdeutschland, vor allem in den zerstörten Großstädten, musste bei den Webers keiner. Einmal im Jahr gab es eine Hausschlachtung, daneben wurde gegessen, was das Feld und der Garten hergaben: Kartoffeln, Rüben und anderes Gemüse, Brot wurde selbst gebacken. Linx war ein landwirtschaftlich geprägtes Dorf. Über die Wege ratterten Kuh- und Pferdefuhrwerke. Das einzige Kraftfahrzeug weit und breit war ein Traktor der Marke Deutz.

Hans Weber konnte sich nun endlich wieder auf das Wesentliche konzentrieren, seine schulische Laufbahn: „Die Volksschule dauerte damals acht Jahre. Wenn ich das Jahr, das ich in Japan übersprungen hatte und die ganzen Fehlzeiten durch die Schifffahrt usw. zusammenzähle, habe ich wohl insgesamt nicht mehr als sechs Jahre lang eine Schule besucht. Alles andere musste ich mir später selbst aneignen. Als ich 1947 mit elf Jahren ankam, war ich natürlich der Fremde in der Schule. Die Jungs hatten es erst einmal auf mich abgesehen. Aber das Blatt wendete sich nach etwa einem Jahr, dann wurde ich als einer der Ihren akzeptiert." Aus gutem Grund. Mitschüler Robert König erinnert sich noch gut an den „Neuling", der so seltsam sprach: „Wir haben ihn gehänselt, weil wir ihn so schlecht verstanden. Denn wir Jugendlichen sprachen alle Dialekt." Das Problem löste sich von selbst. Der Junge, der perfekt japanisch sprechen konnte, lernte auch die neue „Fremdsprache": alemannisch.

Die Welt mochte darben, was die Schüler nicht von Scherzen und Streichen abhielt. Wie überhaupt Humor und Witz in Zeiten der Not über so manches Elend hinweg helfen. Und so kann sich Hans Weber noch heute über den einen oder anderen Schülerstreich amüsieren: „Vor der Schule stand ein schönes Fachwerkhaus. Eines Tages fand dort eine Hochzeit statt. Für ein solches Fest wurden Hausschlachtungen durchgeführt. Von der Schule aus sah man gegenüber auf dem Speicher die Würste hängen. Die Klasse über uns beschloss, sich die Würste zu holen. Während die Hochzeitsgesellschaft in der Kirche war, gelangten sie vom Wirtschaftsraum in das Wohnhaus, verschafften sich Einlass und trugen die Würste heraus. Sie aßen sie natürlich auf, wir Kleineren bekamen auch ein Stück ab. Später wollten die Festgäste die Würste zum Abendessen holen und fanden keine mehr vor. Da mussten die Jungs antreten. Es gab richtig Ärger. Übrigens war unser Lehrer mit den Nachbarn drüben nicht so richtig einig. Er hat sich eigentlich über den Streich gefreut."

In den Jahren 1947/48 war alles knapp – auch die Schulstunden: Pro Tag gab es nicht mehr als zwei Stunden. Von acht bis zehn Uhr wurden die ersten beiden Jahrgänge unterrichtet – immer jeweils zwei Klassen zusammengefasst. Ab zehn Uhr kamen die nächsten an die Reihe. Für acht Klassen gab es nur einen Lehrer. Respekt verschaffte sich der Pädagoge mit dem beliebtesten „Hilfsmittel" der Zeit, einem Rohrstock. In Extremfällen züchtigte er nicht nur einzelne Schüler, sondern gleich die ganze Klasse.

Nach der Schule war Hans meistens mit Freunden zusammen oder er half in der Landwirtschaft seiner Tante Mina. Selbstverständlich unterstützte er auch Onkel Ludwig, als dieser ein Haus für Tante Mina und Onkel Michel baute. Leider war es mit der kreativen Schaffenskraft des Knaben noch nicht so wohlfeil bestellt wie in den späteren Jahren: „Eines Tages war ich nicht pünktlich und bekam mit 13 Jahren zum ersten und zum letzten Mal in meinem Leben den Hosenboden versohlt. Das war mir eine Lehre."

Luise Weber arbeitete wie viele andere Frauen – Männer waren nach dem Krieg Mangelware – bei einem Bauern. Für die mühsame, Kräfte zehrende Feldarbeit erhielt sie Naturalien, Äpfel und Kartoffeln. Wie überhaupt die Existenzgrundlage der Linxer Dorfbewohner die Landwirtschaft war. Es gab kaum eine Familie, die nicht ein winziges Stückchen Land beackerte und ein oder zwei Kühe für das Pflügen und die Milchgewinnung hielt. Wer über kein eigenes Land verfügte, sicherte sein Überleben auf den Feldern der Nachbarn. Der Tauschhandel florierte. Denn die wichtigste Währung war nicht Geld, sondern Tabak.

Ohnehin hatte der Tabakanbau im Hanauer Land eine lange Tradition. Die spanischen Truppen brachten das exotische Gewächs im Dreißigjährigen Krieg in die Region. Ihren Höhepunkt erreichte die Tabakproduktion um 1900. Auch der Staat profitierte davon. Er erhob Steuern auf das Genussmittel und kontrollierte den Anbau. Der Handel mit Tabak war für nicht lizenzierte Betriebe und besonders für Privatpersonen zwar strikt untersagt, aber im Nachkriegsdeutschland herrschten andere Gesetze, Überlebensgesetze – und überleben konnte nur, wer tauschte. So bekam man für ein Büschel Tabak ein Paar Schuhe.

Die Händler kamen bis aus Pirmasens an den Oberrhein gereist. Mancher Dorfbewohner fabrizierte zu Hause heimlich Zigarren. Wer nicht „in Tabak" machte, schlachtete schwarz oder opferte ein Huhn. Die Kontrolle über derlei Dinge oblag den französischen Besatzungstruppen, deren Angehörige selbst hungrig waren. Lief irgendwo ein unvorsichtiges Huhn herum, konnte es schnell passieren, dass es im alliierten Suppentopf landete.

Damals verlief die deutsch-französische Grenze direkt vor dem Städtchen Kehl bei Straßburg. Manche Linxer erinnern sich noch heute an den Stacheldraht, der das zu Frankreich gehörende, neun Kilometer entfernte Kehl von ihrem Dorf trennte. Nur an einer Stelle befand sich ein Durchgang, der auf deutscher Seite für viel Verbitterung sorgte: Nicht nur Häuser und Geschäfte wurden geplündert – infolge der so genannten „Franzosenhiebe" im Schwarzwald stieg der Holzeinschlag in Baden und Württemberg beträchtlich an.

4. Start ins Berufsleben

1950 endete Hans Webers Schulzeit. Sein Berufswunsch lautete natürlich Zimmermann – wie beim Vater. Doch entsprechende Lehrstellen waren in der Region Mangelware. Luise Weber suchte bereits seit zwei Jahren einen Ausbildungsplatz für den Sohn. Bei der Firma Beik in Rheinbischofsheim, im Nachbarort von Linx, hatte sie schließlich Glück: Am 1. August 1950 konnte Hans seine Lehre beginnen. Die fünf Kilometer Entfernung legte der 14-Jährige jeden Morgen mit dem Fahrrad zurück. Musste einige Dörfer weiter eine Scheune aufgerichtet werden, dann kamen gut und gerne noch einmal bis zu 35 Kilometer hinzu – plus Heimweg. Anfangs stand der Stift hauptsächlich an der Säge. Alle Sparren für Hausdächer, Kerben und Schrägschnitte wurden noch von Hand bearbeitet. Und das in der Regel mindestens zehn Stunden pro Tag. Da war jedes Richtfest eine willkommene Abwechslung.

Bei aller Erfahrung, die Hans Weber bei Beik sammelte – einen Lehrvertrag blieb ihm der Meister bis zum Ende der Ausbildungszeit schuldig. Während die Kollegen anderer Firmen zur Gesellenprüfung geladen wurden, machte sich Mutter Luise auf den Weg zur Außenstelle der Handwerkskammer nach Kehl. Hier erfuhr sie, dass kein Lehrvertrag für ihren Sohn vorlag – ein Schock, zumal die Anmeldefrist zur Prüfung abgelaufen war. So legte Hans Weber erst mit einjähriger Verspätung seine Gesellenprüfung ab, allerdings als Bester. Seinem Meister machte er keine Vorwürfe: „Er war einfach überfordert. Damals machten die Zimmermeister noch selbst die Pläne für die Häuser. Nachts zeichnete er Pläne, tagsüber wurde gezimmert. In dieser Zeit gab es einen richtigen Bauboom. Da war mein Lehrvertrag eben liegen geblieben. Immerhin zahlte er mir für das nachzuholende Jahr den Gesellenlohn."

Vier Jahre hielt Hans Weber der Zimmerei Beik die Treue. Dann zog es ihn zur Baufirma Jordan aus Karlsruhe, die gerade das „Economa" für die französische Besatzungsmacht in Kehl errichtete. Von dort aus ging es nach Karlsruhe-Durlach, wo ein Neubau für die

Die 50er Jahre

1950	25.06.	Nordkoreanische Streitkräfte rücken in Südkorea ein: Beginn des Koreakrieges
	01.09.	Die Firma Henkel bringt erstmals seit elf Jahren das Waschmittel „Persil" wieder auf den Markt
	07.09.	Der erste deutsche Nachkriegsfarbfilm, „Schwarzwaldmädel" mit Rudolf Prack und Sonja Ziemann, läuft in den bundesdeutschen Kinos an
1951	24.06.	Erste Ausgabe von Axel Springers Bild-Zeitung mit 250.000 Exemplaren
	19.04.	Erste deutsche Automobilausstellung in Frankfurt am Main
	14.06.	Erster offizieller Staatsbesuch Konrad Adenauers im Ausland (Italien)
1952	05.02.	In Großbritannien wird Elizabeth II. Königin nach dem Tod ihres Vaters, König Georg VI.
1953	17.06.	Streik gegen die Normenerhöhung in Ost-Berlin weitet sich zum DDR-weiten Aufstand gegen das kommunistische Regime aus. Gewaltsame Niederschlagung durch sowjetische Soldaten und DDR-Volkspolizisten
	27.07.	Ende des Korea-Krieges
1954	04.07.	Das Wunder von Bern: Die Bundesrepublik wird mit einem 3:2 Sieg über Ungarn Fußballweltmeister
1955	09.05.	Beitritt der Bundesrepublik zur NATO
	14.05.	Gründung des Warschauer Paktes

Nähmaschinenfabrik Gritzner entstand. Anschließend wechselte Hans Weber nach Straßburg zur Firma Züblin. Bei laufendem Schiffsverkehr bauten die Züblin-Männer eine Brücke über den Kanal in Lingolsheim.

Wie seinen Vater Friedrich, zog es auch Sohn Hans beruflich in die Ferne. 1956 bewarb er sich bei Streif in Vettelschoß bei Linz am Rhein für eine Baustelle in Rurkela/Indien. Die Firma Streif erhielt jedoch den Auftrag für das dort geplante Stahlwerk nicht, und so wurde der neue Mann zusammen mit elf weiteren Zimmerleuten aus dem Badischen beim Bau einer Sport- und Messehalle in Köln eingesetzt. Weitere Einsatzorte waren Aachen und Hagen, wo er mit gerade einmal 21 Jahren zum Vorarbeiter befördert wurde.

1956	23.10.	Beginn des bewaffneten Volksaufstandes in Ungarn gegen das kommunistische Regime
1957	25.03.	Gründung der Europäischen Wirtschaftsgemeinschaft (EWG) und der Europäischen Atomgemeinschaft durch die Mitglieder der 1951 gegründeten Montanunion
	01.04.	Die ersten Wehrpflichtigen der Bundeswehr beginnen ihren Wehrdienst
	03.10.	Willy Brandt wird Regierender Bürgermeister von West-Berlin
	04.10.	Die Sowjetunion startet vom Weltraumbahnhof Baikonur aus den kugelförmigen Satelliten Sputnik und löst dadurch im Westen den so genannten Sputnikschock aus
1958	01.10.	Umjubelt von Hunderten von Fans tritt der amerikanische Rock'n'Roll- Sänger Elvis Presley als Wehrpflichtiger seinen Dienst in der Bundesrepublik an
1959	22.10.	Premiere des Antikriegsfilms „Die Brücke" von Bernhard Wicki, in dem 16-jährige Jungen Ende des Krieges zur sinnlosen Verteidigung einer Brücke gegen US-Panzer eingesetzt werden. Die Darstellung erfährt internationale Anerkennung

Jahre später begegnete Hans Weber sein ehemaliger Arbeitgeber Streif als Mitbewerber auf dem Fertighausmarkt. Noch heute findet er lobende Worte für den Konkurrenten: „Das Unternehmen Streif war, was den Holzbau betrifft, damals seiner Zeit weit voraus. In keinem anderen Betrieb aus meiner Gesellenzeit konnte ich mehr lernen in puncto Bau-Organisation."

Der „Draht" zur Familie blieb während dieser Jahre immer erhalten, der Kontakt zur Schwester wurde auf eine spezielle Weise intensiver. So berichtet Gretel nicht ganz vorbehaltlos über das Verhältnis zu ihrem Bruder: „Ich durfte ihm sein Musikinstrument putzen oder seine Hosen bügeln, bin aber immer dafür bezahlt worden." Absolutes Tabu für Gretel war das Zündapp-Moped des Bruders –

sein ganzer Stolz. Dafür setzte er sich für die kleine Schwester ein und überzeugte die Mutter davon, Gretel eine kaufmännische Lehre zu ermöglichen. Sie besuchte dann – damals noch untypisch für junge Frauen – zwei Jahre die Höhere Handelsschule, machte die Mittlere Reife und lernte den Beruf einer Speditionskauffrau.

Doch nicht nur die familiären Bande zogen Hans Weber immer wieder zurück nach Linx. Eine große Leidenschaft fesselte ihn ans Heimatdorf – der Fußball. 1949 wurde der SV Linx ins Leben gerufen. Wann immer es ihm möglich war, begleitete Hans, der enthusiastische Fußballfan, seine Freunde zu den Spielen. Er selbst hatte nach eigenen Aussagen „kein Talent“ oder zwei linke Füße, wie böse Zungen behaupteten – dafür aber zwei rechte Hände und ein Gespür dafür, was dem Verein gut tat. Denn genau das ließ der damalige 1. Vorsitzende vermissen. Die logische Konsequenz: Einige Spieler

Die erste Meister-Mannschaft des SVL mit seinem jungen Vorsitzenden 1960

Der Betrieb Ludwig Beik, in dem Hans Weber seine Ausbildung absolvierte

forderten ihren größten Fan auf, dessen Job zu übernehmen. Frei nach dem Weber'schen Motto „Mach's gleich, dann ist es gemacht" ließ sich Hans Weber nicht zweimal bitten. Im Juni 1959 wurde er zum jüngsten 1. Vorsitzenden des SV Linx gewählt.

Ein sehr musikalischer Vorsitzender obendrein. Denn der Zimmermann wandelte auf den Spuren von Walter Scholz und spielte leidenschaftlich gern Trompete – ab 1949 im örtlichen Musikverein. Auch hier wurde er geschätzt wegen seiner Zuverlässigkeit. Hans Weber war immer zur Stelle und verpasste keine Probe. Im Anschluss ging's in eine gemütliche Wirtschaft, und in vertrauter Runde kam den Herren Musikanten so manche lustige Idee: wie die spontane Schlittenfahrt auf einem selbst gebauten Schlitten. Oder das Moped-Wettrennen morgens um drei. Fünf Mopeds gegen eine NSU 250 OSL. Einer der Beteiligten holte eigens zu diesem Zweck die Zündapp seines Vaters aus der Garage: „Damit konnte man richtig Gas geben!“. Wie berichtet wird, soll die Sache 0:0 ausgegangen sein.

Bei aller Liebe zu seinen Hobbys: Bald packte den aufstrebenden Zimmermann wieder die Wanderlust, und er zog weiter nach Oberstdorf. Ihn reizten der alpenländische Holzbau und die Menschen dieser Gegend, die schon damals ein besonderes Verhältnis zum Baustoff Holz hatten. Das Städtchen im Allgäu brachte ihm jedoch kein Glück. Er fiel bei feuchter Witterung vom Dach eines zweigeschossigen Hauses etwa sieben Meter in die Tiefe und zog sich einen komplizierten, von den Ärzten erst spät erkannten Lendenwirbelbruch zu. Vier Wochen lang lag er völlig hilflos, in eine Gipsmulde eingezwängt, im Krankenhaus. Mit einem Gipskorsett durfte er die Klinik verlassen. Was tun in dieser misslichen Lage? Einfach nur daliegen und ausruhen? Kein Leben für einen Mann wie Hans Weber. Das konnte und durfte schließlich nicht das Ende seiner beruflichen Laufbahn sein.

Im Gegenteil, es war der Aufbruch zu neuen Ufern: Hans Weber nutzte die unfreiwillig gewonnene Zeit und meldete sich zur Meisterschule in Freiburg im Breisgau an. Das ging nicht ohne Sondergenehmigung, denn damals benötigte man fünf Gesellenjahre, um die Meisterprüfung machen zu können. Doch Hans Weber fehlte ein Jahr, was darauf zurückzuführen war, dass er zu Beginn seiner Ausbildung noch ohne Lehrvertrag war. Im Februar 1959 legte er mit nur 22 Jahren die Prüfung ab. Doch wie sollte der junge Meister mit seinem Leiden eine Stelle finden? Denn bis Hans Weber körperlich wieder fit war, dauerte es noch eine Weile.

Der gestandene Zimmermann im Allgäu 1958

Die 60er Jahre

1961	12.04.	Der Russe Juri A. Gagarin startet als erster Mensch ins Weltall
	13.08.	Bau der Berliner Mauer
	27.11.	Contergan-Skandal: Die Firma Grünenthal nimmt das Schlafmittel vom Markt
1962	17.02.	Große Sturmflut in Hamburg
	13.04.	Beatles im Hamburger Star-Club
	04.06.	Spektakulärer Mordprozess um Vera Brühne
	15.10.	Kuba-Krise
1963	28.02.	Marika Kilius und Hans-Jürgen Bäumler werden Weltmeister im Eiskunstlauf
	26.06.	Rede des US-Präsidenten John F. Kennedy in Berlin („Ich bin ein Berliner!")
	24.08.	Startschuss für die Bundesliga
	16.10.	Nach Adenauers Rücktritt wird Erhard („Wohlstand für alle") Bundeskanzler
1964	25.02.	Muhammad Ali, alia Cassius Clay wird Weltmeister im Schwergewicht
	10.09.	Der 1.000.000ste Gastarbeiter trifft in Deutschland ein
	05.10.	Tunnelflucht von 57 Ost-Berlinern in den Westteil der Stadt
1965	21.02.	Malcolm X wird in New York City von Black Muslims ermordet
1966	30.07.	England wird durch einen 4:2-Sieg nach Verlängerung gegen Deutschland erstmals Fußball-Weltmeister
1967	10.02.	Freddy Quinn, beliebtester deutscher Schlagerstar, erhält seine 10. Goldene Schallplatte
	29.04.	Kultmusical „Hair" in New York uraufgeführt
	02.06.	Anti-Schah-Demonstration in Berlin und Tod des Studenten Benno Ohnesorg
	25.08.	ARD und ZDF senden in Farbe. Erste Ausstrahlung: „Der goldene Schuss"
1968	01.01.	Oswalt Kolle zeigt den Sexualaufklärungsfilm „Das Wunder der Liebe"
	18.02.	Berliner Studentenproteste gegen den Vietnam-Krieg
	02.04.	Mitglieder der Außerparlamentarischen Opposition (APO) setzen zwei Kaufhäuser in Brand, Andreas Baader und Gudrun Ensslin werden später gefasst
	03.06.	Der 11-jährige Heintje aus Holland („Mama") schafft es auf Platz 1 der LP-Bestsellerliste
1969	21.07.	Der US-Amerikaner Neil Armstrong betritt als erster Mensch den Mond

Die 60er Jahre: Anfänge

1. Der Schritt in die Selbständigkeit

Nach bestandener Meisterprüfung arbeitete der junge Hans Weber zunächst bei seinem Lehrherrn Ludwig Beik und später auch im Betrieb von Jacob Gerold in Linx. Dass dieser einmal „Schicksal spielen" und Hans Webers Leben zu einem ganz entscheidenden Wendepunkt führen sollte, war zunächst nicht abzusehen. Der erfahrene Handwerker Gerold, der sein Unternehmen aus Altersgründen auflösen wollte, erkannte nämlich bald, was in seinem jungen Meister-Mitarbeiter steckte, und er zögerte nicht, ihm die Nachfolge für seine Einmann-Zimmerei an der Linxer Hauptstraße anzutragen. Hans Weber bedankte sich für das Vertrauen – und sagte erst

Die Keimzelle der Firma WeberHaus, die alte Turnhalle in Linx

Zimmermeister Jacob Gerold aus Linx

einmal nein. Ihm fehlte das nötige „Kleingeld" für die Gründung einer eigenen Firma. Jacob Gerold ging es jedoch weniger um einen stattlichen Gewinn, sondern vor allem darum, sein Lebenswerk zu erhalten, und so machte er einen Vorschlag, dem Hans Weber nicht widerstehen konnte: jetzt den Betrieb übernehmen und erst im Laufe der Zeit und den Möglichkeiten entsprechend zahlen. Und so wurde es gemacht.

Zum 1. Januar 1960 übernahm Hans Weber den Fundus der Zimmerei Gerold mit Maschinen, Werkzeugen, Kundenstamm, Aufträgen sowie dem Gesellen Fritz Schneider und gründete seine eigene Firma. Auch für Schneider sollte es sich lohnen, denn 20 Jahre später leitete er die Abteilung Treppenbau bei WeberHaus. Jacob Gerold dürfte erleichtert gewesen sein, dass sein Lebenswerk nun in die Hände eines vielversprechenden Nachfolgers übergegangen war, der sich anschickte, es mit Einsatz und Elan weiterzuführen. In einer Übergangsphase verblieb er als Seniorchef weiterhin im Betrieb. Die Erfahrung und der Einsatzwille des rüstigen Alt-Zimmerermeisters waren dem jungen Chef willkommen. Immer mehr Arbeit fiel an, und Gerold half noch viele Jahre tatkräftig mit, bevor er mit über 80 Jahren 1975 starb.

Als der frisch gebackene Firmenchef Hans Weber den Schritt in die Selbständigkeit wagte, war er 23 Jahre alt. Nicht gerade das Alter, in dem man gerne so viel Verantwortung und Risiko übernimmt. Was bewog ihn dazu, sich die Last der Führung eines Unternehmens so früh aufzubürden? Welche Vorstellungen und Träume hatte er, welche Befürchtungen gab es?

Hans Weber, der bisher immer in Familienbetrieben gearbeitet hatte, wollte sich eigentlich gar nicht selbständig machen. Aber Gerolds Angebot kam erstens zur rechten Zeit und war zweitens so gut, dass jemand vom „Zuschnitt" eines Hans Weber nicht ablehnen konnte. Er ergriff seine Chance. Leicht war es trotzdem nicht, wie er noch heute zugibt: „Es ist nicht einfach, ein solches Unternehmen zu gründen, wenn man kein Geld hat. Denn das Finanzielle spielte in den ersten zehn Jahren, bis ich mit der Firma einigermaßen gut auf den Beinen stand, eine große Rolle."

Ganze 800 DM betrug sein Startkapital. Hinzu kam ein Sparkassen-Kredit in Höhe von 6.000 DM, wofür seine Mutter ihr mit viel Mühe aus Ersparnissen finanziertes Haus mit einer Hypothek belastete. Luise Weber ging dieses Risiko für ihren Sohn selbstverständlich ein: Sie vertraute auf ihren Hans, er würde es – wie bisher – richtig und gut machen.

Zunächst aber musste auch er Lehrgeld zahlen: Der Zeitpunkt der Firmengründung im eiskalten Januar war für ein Unternehmen im Baugewerbe äußerst ungünstig gewählt. Auf den Baustellen konnten die Maurer wegen des Frostes nicht arbeiten, Dachstühle blieben unaufgerichtet. Eine schiere Katastrophe! Derweil fielen die Kosten für die kleine Firma natürlich weiter an, und schon vier Monate nach dem Start war die Firmenkasse leer. Der junge Chef musste als Bittsteller den Gang zur Sparkasse antreten, bei der er wegen einer Erhöhung des Kredits vorsprach. Er solle einen Bürgen beibringen, hieß es dort, nur so sei eine Aufstockung des bisher Bewilligten möglich. Doch wer setzte schon auf einen 23-Jährigen, der zwar voller Ideen, aber ohne finanziellen Rückhalt da stand? Und er traute sich nicht, Leute in seiner Umgebung wegen einer Bürgschaft anzusprechen. Tage und Wochen vergingen. Hans Weber stand unter Druck. Was sollte er tun? Erst einmal weiterarbeiten.

Ende April 1960 zimmerte man an einem Wirtschaftsgebäude in Linx. Hans Weber stand gerade auf dem First des Daches, als ein Herr in einem schicken schwarzen Auto vorfuhr und den Handwerksmeister beobachtete. „Mensch, der Kerl kann was", schien der

Herr anerkennend gedacht zu haben. Er schaute Hans Weber noch eine Weile beim „Schaffen“ zu, dann wünschte er, ihn zu sprechen, und man machte sich miteinander bekannt. „Gestatten, Kurt Butsch, Direktor der Volksbankfiliale in Freistett“, stellte er sich vor, und Hans Weber horchte auf. Was konnte der Banker von ihm wollen?

Wie man höre, habe er, Hans Weber, sich selbständig gemacht. Ob er nun nicht ein Konto bei der Volksbank eröffnen wolle? Das brachte Hans Weber zum Lachen. Freimütig erklärte er, dass er leider über kein Geld verfüge und deshalb auch kein Konto benötige. Daraufhin stellte Kurt Butsch einen Sofortkredit von 3.000 DM in Aussicht. Wieder wehrte Hans Weber bescheiden ab: Er könne keinen Bürgen beibringen. „Das ist auch gar nicht nötig“, war das letzte Wort des Bankers. Hans Weber war sprachlos. Im nächsten Augenblick unterschrieb er auf dem Kofferraum des schwarzen Opels von Herrn Butsch den Darlehensvertrag, und die kleine Firma war vorerst gerettet!

Dieses Erlebnis bewegte Hans Weber damals so tief, dass er auch später, in besseren Zeiten, stets der Volksbank Freistett die Treue hielt. Das Problem der Unternehmensfinanzierung „begleitete“ ihn aber noch sehr lange: „Das Wachstum musste finanziert und Vieles mit Wechseln bezahlt werden. Ohne die Möglichkeit der Wechselfinanzierung wäre ein Wachstum, wie es unser Unternehmen in den rasanten Anfangsjahren erlebt hat, nicht möglich gewesen.“ Hans Webers Ziel war es, eines Tages unabhängig von dem Wohlwollen der Banken und Kreditinstitute zu sein. Zwölf Jahre sollte es dauern, bis sein damaliger kaufmännischer Leiter, Jens Thuys, mit der guten Nachricht zu ihm kam: „Wir sind schuldenfrei.“ Seit diesem Tag finanziert das Unternehmen alle Investitionen aus der Firmenkasse.

Nun aber frisch ans Werk! Der finanzielle Spielraum blieb bescheiden, doch was zählte das schon, wenn man jung war und „den richtigen Drive“ hatte, Optimismus und Selbstvertrauen satt! Nachdem Hans Weber einmal den entscheidenden Schritt in die Selbständigkeit getan hatte, stand für ihn schnell fest, dass es nicht bei einem

Ein- oder Zweimannbetrieb bleiben würde. Wenn schon, denn schon. Seine Motivation bestand darin, etwas „Gescheites" zu machen, an dem man auch als Mensch mitwachsen könne. Triebfeder bei allem war der Wunsch, mit seiner Arbeit sich selbst und andere zufrieden zu stellen und vor allem etwas Produktives zu leisten.

Viele Menschen im wieder aufgebauten Deutschland hatten damals dieses Ziel vor Augen. Mit Optimismus und Tatkraft halfen sie der Bundesrepublik im wahrsten Sinne des Wortes auf die Beine. Die Gründergeneration war im Aufbruch. Seit der Gründung der beiden deutschen Staaten 1949 erlebte der Westen Deutschlands, unterstützt durch den Marshallplan, einen wirtschaftlichen Aufschwung, der bis 1966 anhielt. Hans Webers Schritt in die Selbständigkeit im Jahr 1960 stand deshalb unter einem guten Stern. Seine Unternehmung fiel in die Wirtschaftswunderzeit. Wie würde es aussehen, sein eigenes kleines Wirtschaftswunder?

2. Die erste Lizenz

Von Anfang an war klar, dass Hans Weber mit der neu gegründeten Firma Häuser bauen würde. Denn der Hausbau hatte ihn seit jeher fasziniert, ja begeistert: Er war für den Zimmerermeister das Nonplusultra. Und dann dieses Material – Holz. Hans Weber hätte alles Mögliche unternehmen können und sei es, eine Kistenfabrik zu gründen. Hauptsache, es ging um Holz. Er liebte und liebt das Material und ist bis heute nicht müde geworden, auf die Vorzüge dieses Naturprodukts hinzuweisen.

Hinzu kam sein Interesse an der Vorfertigung. Denn auf den Baustellen hatte Hans Weber oft genug erlebt, wie der übliche Arbeitsablauf beim Aufrichten eines Daches den Launen des Wetters ausgesetzt war. Die Arbeit wurde immer wieder durch Regen, Sturm, Schnee und Hitze erschwert oder kam eine Zeit lang ganz zum Erliegen. Wie gut wäre es, diesen Fertigungsprozess teilweise in trockene, wettergeschützte Hallen verlegen zu können, überlegte er. Die Idee des Teilfertigbaus war damals schon in Ansätzen vorhanden.

Wenn man diese Technologie nun mit dem Material Holz kombinierte – ein faszinierender Gedanke, der Hans Weber nicht mehr los lassen sollte.

Zu diesem frühen Zeitpunkt, kurz nach der Firmengründung, stand allerdings noch nicht fest, dass Hans Weber eines nicht so fernen Tages Fertighäuser errichten würde. Über den Holzfertigbau, wie er seinerzeit bereits in Skandinavien und in den USA praktiziert wurde, hatte der stets gut informierte Hans Weber in einschlägigen Fachzeitschriften viel gelesen. Ein System zum Hausbau in Fertigbauweise selbst zu entwickeln, war damals weder zeitlich noch finanziell möglich. Eines Tages blätterte er in dem Magazin „Bauen mit Holz" und entdeckte dort eine höchst interessante Anzeige: „Lizenz für den Bau von Holzfertighäusern zu vergeben". „Über diesen Weg könnte es gehen", fand Hans Weber und meldete sich auf die Anzeige.

Sie stammte vom Architekten Karl Press aus Salzgitter, der zusammen mit einem Zimmerermeister ein Fertigbausystem entwickelt hatte. Press' Partner Uhlig sah aber anschließend keine Möglichkeit, das System zu vermarkten, und überließ es dem Architekten. Dieser suchte nun nach einem Partner, mit dem sich das Ganze realisieren ließ. Er lud Hans Weber zur Besichtigung nach Salzgitter ein, wo schon ein paar Holzfertighäuser errichtet worden waren. Die nach Zimmermannsart gebauten Häuser gefielen dem Gast. Karl Press wiederum war froh, einen interessierten Partner gefunden zu haben und konnte auch mit der Statik und den Gutachten zu diesem Fertighaussystem überzeugen. „Daraus lässt sich etwas machen", erkannte Hans Weber und überlegte, wie der kleine Betrieb „mit meinen zwei Männeken" die Aufgabe bewältigen könnte. Doch derlei Zögerlichkeiten waren bald aus der Welt geschafft und wichen der Begeisterung über die Möglichkeiten, die sich hier auftaten. In der Idee des Holzfertighauses nahm Hans Webers berufliche und persönliche Vision Gestalt an. Der Gedanke, dass sich damit etwas Besseres, Größeres auf die Beine stellen ließe als ein kleiner Zimmereibetrieb, ließ ihn nicht mehr los. Kein Zweifel – hier lag seine Zukunft, er musste nur noch zugreifen. Hans Weber erwarb die Lizenz.

Wieder zu Hause, gab es trotz aller Euphorie eine kleine Phase der Ernüchterung. Nun hatte man die Lizenz, aber wie zog man die Sache auf? Die Planungen für den Bau eines Fertighauses konnte das kleine Unternehmen nicht selbst leisten, so viel war klar. Es existierte ja nicht einmal ein Büro. Bislang hatte die kleine Firma nur reine Zimmermannsarbeiten ausgeführt, Dachstühle aufgerichtet und ähnliche Arbeiten erledigt. Und nun sollten es bald ganze Häuser sein! Rückblickend betrachtet, zeigen sich hier die unerschütterliche Zuversicht und der jugendliche Schwung des späteren erfolgreichen Unternehmers. Der Erwerb der Lizenz und der feste Wille, sie auch zu nutzen, waren ein Stück unternehmerisches Draufgängertum – das braucht es wohl, um erfolgreich zu sein.

3. Das erste Haus

Im Linxer Nachbarn Hugo Lutz, der vor kurzem ein Architekturbüro eröffnet hatte, fand Hans Weber einen Mitstreiter. Hugo Lutz brachte das Weber'sche Fertigbausystem unter die Leute, indem er bauwillige Kunden seines Architekturbüros damit bekannt machte. Der Auftrag für das erste Haus kam von Hans Webers Schwester Gretel, verheiratete Düll, die zufällig bei Lutz beschäftigt war. Das Ehepaar Düll zahlte für sein neues Domizil damals die stolze Summe von 28.000 DM!

„Es war ein Wagnis“, findet Gretel Düll heute, aber 1960 war die kleine Familie jung und träumte von einem eigenen Zuhause. So wagten sie es und stürzten sich in das Abenteuer. Ist der Bau eines Eigenheims an sich schon aufregend, so kam hier noch der Reiz des Neuen, der Innovation hinzu: Es sollte nicht nach konventioneller Art gebaut werden, sondern in der damals noch revolutionären Fertigbauweise. Und es würde das erste große Komplettbauprojekt der Firma Hans Weber sein. Die Dülls vertrauten einfach auf „den Hans“. Er würde das Kind schon schaukeln! Natürlich war tätige Mithilfe

Das erste Weber-Haus wird aufgerichtet

gefragt. Gemeinsam mit den Kumpels vom Sportverein baute Günter Düll den Keller. Dazu rückten die Freunde täglich nach Feierabend an. Gibt es so etwas heute überhaupt noch?

Der Keller war noch nichts Besonderes. Aber wie würde es weitergehen? Die einzelnen Teile des Hauses fertigte Hans Weber mit seinem Gesellen nach den Maßen des Fundaments in seinem Betrieb so weit vor, wie es nach dem damaligen technischen Stand der Dinge möglich war. Das System steckte ja noch in seinen Anfängen und war längst nicht so ausgefeilt wie heute. Das Haus wachsen zu sehen, war natürlich spannend, das Aufrichten ein Ereignis. Viele Nachbarn wollten zwar nur schauen, aber Hans Weber hatte auch einige Helfer engagiert. Und so ging es wirklich schnell voran, denn hier musste nicht erst ein Stein auf den anderen gesetzt werden. Innerhalb eines Tages stand das Holzständerwerk mit dem Dachstuhl des neuen Heims.

Der Bruder verdiente zwar nichts an dem Objekt, hatte aber später den Vorteil des Werbeeffekts. Gretel Düll erinnert sich noch mit ein wenig Schrecken an die skurrilen Umstände dieses Hausbaus: „Wir waren sozusagen das erste Ausstellungshaus. Es kamen ständig neue Leute, die bei uns durchs Wohnzimmer gingen. Das Parkett in diesem Raum wurde durch die Pfennigabsätze, die die Damen damals trugen, völlig durchlöchert." Aus diesem Grund wurde in jenen Jahren das Betreten vieler öffentlich zugänglicher Gebäude, z. B. Schulen, mit Pfennigabsätzen verboten. Nicht nur die Holzböden, auch die weit verbreiteten Linoleumböden litten unter dem modischen Schuhwerk, zu dem damals stilecht noch Petticoat und auftoupierte Pferdeschwanzfrisuren gehörten.

Bevor das frequentierte Wohnhaus der Dülls sich als Musterbeispiel bewährte und der Werbeeffekt für die ausführende Firma einsetzen konnte, mussten Hans Weber und die neuen Hausbesitzer Spott der Mitmenschen über sich ergehen lassen. Für die meisten Leute in Linx war das Fertighaus nicht nur ungewöhnlich, sondern geradezu verrückt. Statt eine Holzhauskonstruktion zu errichten, hätten Hans Weber und sein Schwager ebenso gut ein Ufo zusammenbasteln können – für die staunenden Zuschauer der Dorfgemeinschaft schien das

Das Fachwerkhaus

Der Einsatz von Holz in Form von vorgefertigten Elementen ist in der Geschichte der Bautechnik bereits für Babylonier, Griechen, Ägypter und Römer nachgewiesen. Als eigentliche Vorläufer des modernen Fertighauses gelten aber die mittelalterlichen Fachwerkhäuser, bei denen Balken passend zum Fundament auf Maß geschnitten, vorgefertigt und zur Baustelle transportiert wurden. Auch heutige Fertighäuser entstehen noch auf dieser Grundlage.

Im Hanauer Land hat die Bauweise im Holzständerwerk eine lange Tradition. Laubholz und Lehm gab es in der Gegend in ausreichendem Maße. So taten die Menschen das Naheliegende und bedienten sich der heimischen Ressourcen. Auf einem Fundament oder Sockel aus Stein wurde ein Längsholz, die erste Schwelle, aufgebracht. Auf dieser kamen die senkrechten Hölzer oder Ständer zu stehen, die – je nach späterer Funktion – in Eckständern für die Hausecken, Bundständern für den Anschluss an innere Trennwände und Zwischenständern innerhalb der Hauswand in Erscheinung traten. Schließlich wurden waagrechte Schräghölzer eingearbeitet bzw. eingezapft, die zur Verfestigung der Wand dienten. Die untere Reihe dieser Schräghölzer begrenzte die Fensteröffnungen, das oberste Holz bildete den Rahmen, auch Rähm genannt. Die senkrechten Ständer waren unten in die Schwelle, oben in den Rahmen eingezapft oder mit Blattzapfen verbunden sowie zusätzlich mit Holznägeln gesichert. Oben auf dem Rähm wurden die Dachbalken angebracht, die – abhängig von der Stockwerkhöhe des Hauses – als Pfette oder als Schwelle für die nächste Wandreihe fungierten.

Durch die miteinander verbundenen Längs- und Querhölzer entstanden die so genannten Gefache, die nun gefüllt wurden. Dazu dienten vorrangig Stöcke, um die man ein Weidengeflecht oder auch Strohseile wickelte. Darauf folgte das Verkleiden und gänzliche Ausfüllen der einzelnen Gefache mit strohvermengtem Lehm. Die Ausfachung mit Backsteinmauerwerk setzte erst im 17./18. Jahrhundert ein.

Um die Haltbarkeit des Hauses von außen zu erhöhen, wurde abschließend ein Kalkanstrich vorgenommen. Für das Hanauerland ist nachgewiesen, dass man Gefache und Holzwerk zunächst komplett anstrich bzw. die Balken teilweise überstrich. Der Kalkanstrich für das Gefache wurde auch später beibehalten, während man für das Holzwerk dann auf Leinöl als Anstrichbasis überging.

Noch in unseren Tagen zeugen viele erhaltene Fachwerkhäuser in den alten Ortskernen von der Haltbarkeit dieser Bauweise, die auch das Gesicht der Region prägen. Wunderschöne Beispiele sind die Rathäuser der Ortschaften Diersheim, Honau, Linx, Memprechtshofen und Bodersweier.

eine so außerirdisch wie das andere. Der Anblick des nackten, unverkleideten Ständerwerkes erinnerte die Menschen außerdem an Baracken. Daraus sollte etwas Vernünftiges werden?

Auch nachdem das Haus fertig gestellt war, wurde gelästert. Der erste Windstoß werde das Haus wegfegen. Goss es in Strömen, dann warteten die Nachbarn geradezu darauf, dass es bei den Dülls ins Dach hineinregnen würde. Keine dieser Prophezeiungen trat ein. Die Dülls wohnen heute noch glücklich und zufrieden in ihrem Weber-Fertighaus der ersten Stunde. Der Werbeeffekt ist inzwischen größer denn je, denn das Objekt ist nach über 50 Jahren noch immer in einem hervorragenden Zustand.

Mancher Kollege vom Fach lachte über den jungen Unternehmer, der mit seinem System ganz neue Wege ging. „Was der macht, das wird nichts, das hält nicht“, glaubten Viele. Was nicht aus Stein gemauert war, konnte in den Augen mancher Zweifler keinen Bestand haben. Wer dagegen hielt, musste schon sehr überzeugt sein von seinem Tun, um sich durch solche abfälligen Urteile nicht unterkriegen zu lassen. An Selbstvertrauen und Zuversicht mangelte es Hans Weber aber nie. Er verließ sich auf seinen Sachverstand, und niemand konnte ihn beirren: „Als Holzfachmann sah ich, dass die Konstruktion der Häuser in Ordnung war.“

Ein paar Sympathisanten gab es aber auch in dieser Anfangszeit schon, denn bis Ende 1961 hatte WeberHaus zwei weitere Häuser in Holzrahmenbauweise fertig gestellt. Daneben sicherte der Betrieb seine Existenz durch mehrgleisiges Arbeiten: Man führte auch noch reine Zimmermannsarbeiten aus, baute Dachstühle und sanierte alte Häuser.

4. Steil bergauf

In der jungen Bundesrepublik ging es während der 60er Jahre weiter bergauf. Zu Beginn des Jahrzehnts hatte sich der Export im Vergleich zu 1950 mehr als vervierfacht, das Bruttosozialprodukt hatte sich verdoppelt, und die deutsche Fahrzeugindustrie produzierte fünfmal so viel wie zehn Jahre zuvor. „Wohlstand für alle“, lautete Ludwig Er-

Das Blockhaus

Anders als in den Landschaften mit Laubholzvorkommen entstand in den waldreichen Nadelholzgebieten Nordeuropas von Norwegen über Schweden und Finnland bis in den europäischen Teil Russlands die Tradition des Blockbaus. Schwedische Blockhäuser ließen sich auf- und ab-, und später an einem anderen Ort wieder aufbauen. Bekannt sind die skandinavischen Stabkirchen, die aus senkrecht verbauten Stämmen bestanden.

Doch nicht nur in Europa, auch in Kanada und den USA haben Holzhäuser eine Jahrhunderte alte Tradition. In der Fertigungsweise bildeten sich jedoch regionale Unterschiede heraus. In Amerika kam es durch die Industrialisierung und im Zusammenhang mit der Masseneinwanderung schon gegen Ende des 19. Jahrhunderts zur serienmäßigen Vorfertigung von Holzhäusern.

Die Fertigbauweise kam den Siedlern entgegen, die möglichst schnell ihre eigenen vier Wände aufrichten mussten und wollten. Aus dieser Tradition der praktischen Erfordernisse heraus wird in den Vereinigten Staaten noch heute ein großer Teil der Häuser in Holzfertigbauweise errichtet, worüber man sich hierzulande in Unkenntnis dieser Vorgeschichte nicht selten wundert. Frühe Modelle der Holzhäuser bestanden damals aus Holzgerüsten, die einfach mit Brettern verschalt wurden. Später produzierte man die Teile mit Hilfe von Maschinen vor und baute sie dann zusammen.

Oben: Das erste große Bauvorhaben – Hotel Waldeck in Altglashütten

Links: Die Weber-Mitarbeiter bei einer Vesperpause – v. l. n. r. Karl Lasch, Gerhard Hemmler, Karl Merz, Ernst Krieg, Jacob Gerold, Reinhard Heidt, Hans Weber

hards Ziel auch für den privaten Lebensstil. An heutigen Verhältnissen gemessen war es ein bescheidener Wohlstand. Doch einer Nation, die 1945 unter katastrophalen Bedingungen einen Neuanfang unternehmen musste, hätte niemand schon für die 50er Jahre etwa eine Reisewelle vorhergesagt.

In den 60ern starteten Bundesbürger schon millionenfach mit einem fahrbaren Untersatz in den Tag, u. a. mit dem „Brezel"-Käfer. Wer sein Tagwerk erledigt hatte, konnte es sich zu Hause zwischen Nierentisch und Tütenlampe so richtig gemütlich machen und die Segnungen des Massenmediums Fernsehen genießen. Das TV hatte inzwischen Einzug in die deutschen Wohnzimmer gehalten mit Hits wie „Die Familie Hesselbach", „Gilligans Insel" und „Kobra, übernehmen Sie", bevor „Der Kommissar" ab 1969 für den nötigen Nervenkitzel sorgte.

Das Fertighaus

In den USA hat sich die Holzrahmenbauweise durchgesetzt, während in Deutschland die Holztafelbauweise überwiegt. Hierbei werden auf einer Holzkonstruktion, die als Gerüst dient, einseitig Platten aufgebracht. Das können zum Beispiel Gipsfaserplatten sein. Nach dem Auffüllen der Hohlräume mit Dämmmaterial wird die Holztafel geschlossen, von außen noch einmal isoliert und schließlich verputzt. Als Wegbereiter der Fertigbauweise gilt hierzulande der Architekt Konrad Wachsmann. In dem auf Holzbauten spezialisierten Betrieb Christoph & Unmack im Oberlausitz'schen Niesky erarbeitete er einen Prototyp des Holzfertigbaus. Die erste Siedlung in reiner Holzfertigbauweise entstand.

Auch Nobelpreisträger Albert Einstein besaß in Caputh bei Berlin ein Holzfertighaus, das 1929 nach Plänen von Wachsmann entstanden war. Nach seiner Emigration in die USA entwickelte er dort 1941 zusammen mit Walter Gropius das „Packaged House System", ein Fertighaussystem in Holzbauweise.

Die Fertigbauweise setzte sich jedoch in Deutschland zunächst nicht durch, wenn auch das älteste Unternehmen der Branche, die Firma Breisgau-Haus, bereits seit 1671 existiert. Die ersten Fertighausbauunternehmen der 50er Jahre mussten gegen starke Widerstände ankämpfen. Erst in den 60ern setzte ein Boom ein. Unter den Firmen, die damals erfolgreich Pionierarbeit leisteten: Okal, Streif, Zenker mit Typenhäusern und – mit einer anderen Marschrichtung hin zum individuellen Objekt – WeberHaus.

Der Boom der Fertighäuser in Deutschland kam nicht von ungefähr. Vorgefertigte Häuser schufen preisgünstig und vor allem schnell den benötigten Wohnraum. Seit den 60er Jahren wurde die Fertighaustechnik ständig weiterentwickelt und verbessert. In den 80ern schaffte es die Branche, durch ein Angebot hochwertiger Produkte vom Billig-Image wegzukommen. Heute wird ein breites Spektrum für jeden Geschmack und Geldbeutel geboten, das selbst höchsten Ansprüchen an Qualität bei Material und Verarbeitung sowie Individualität entspricht.

Als Fertighäuser bezeichnet man heute solche Häuser, die aus vorgefertigten Teilen gebaut werden. Diese werden im Werk vorproduziert und auf der Baustelle nur noch zusammengesetzt. Die industrielle Vorfertigung ermöglicht es mittlerweile, sogar komplette Wände im Werk zu produzieren, einschließlich Fenster, Dämmung und Installation. Ein entscheidender Vorteil dieser Bauweise: Sie ist ökonomisch. Durch die Vorfertigung verkürzt sich die Bauzeit enorm. Das Objekt wird üblicherweise an nur einem Tag aufgerichtet. Fristgerechter Einzug ist garantiert. Außerdem sind Holz-Fertighäuser vom ersten Tag an trocken und müssen nicht „trocken gewohnt" werden.

Nach jüngsten Angaben des Bundesverbandes Deutscher Fertigbau e.V.

(BDF) steigt der Marktanteil der vorgefertigten Ein- und Zweifamilienhäuser langsam, aber stetig an. Immer mehr Bauherren finden also gute Gründe, sich für diese Bauweise zu entscheiden. Der BDF nennt sie beim Namen:

- Das natürliche Baumaterial Holz, das zum Einsatz kommt, genügt höchsten Ansprüchen. „Die Produktion der Bauelemente in den Werken wird ebenso kontrolliert wie die Montage des Hauses auf der Baustelle. Ein solches Verfahren zur Qualitätssicherung ist im deutschen Bauwesen einmalig", so Dirk-Uwe Klaas, Hauptgeschäftsführer des BDF.
- Qualitätsgeprüfte Fertighäuser sind immer auch Energiesparhäuser. Ihre Wärmedämmung ist weit besser, als es die Energieeinsparverordnung verlangt.
- Wer keine Zeit oder keine Lust hat, sich mit dem Thema Hausbau zu befassen, erhält durch die führenden Fertighausanbieter einen Service aus einer Hand. Ein fester Ansprechpartner gewährleistet die umfassende Betreuung rund um den kompletten Hausbau bis hin zur schlüsselfertigen Übergabe.
- Zukünftige Bauherren können sich an vielen Standorten in Deutschland Ausstellungshäuser ansehen, bevor sie sich dann endgültig für ihr Traumhaus entscheiden.

Auch bei WeberHaus zeigte die Entwicklung in den 60er Jahren steil nach oben. Schon 1963 erging der Auftrag für ein größeres Objekt im Schwarzwald. Dort träumte ein Unternehmer von einem Hotel ganz aus Holz. WeberHaus erfüllte den Traum und baute das „Hotel Waldeck" in Altglashütten am Feldberg – für das kleine Team ein echter Prüfstein und vielleicht der eigentliche Durchbruch. Zeit zum Verschnaufen gab es nicht, denn schon war der nächste Job in Sicht: Bis zum Jahresende 1963 mussten vier Reihenhäuser in Böblingen fertig gestellt werden. Der Chef machte vor Freude Luftsprünge über den „Riesenauftrag".

Dieser aufstrebenden Entwicklung musste nun auch äußerlich Rechnung getragen werden. Bis 1963 wurden die ersten Weber-Fertighäuser in der alten Zimmererwerkstätte an der Hauptstraße gefertigt, die später noch viele Jahre als Ausbildungsstätte diente. Hans Weber hatte für das Geschäft die alte Turnhalle des Ortes gemietet und später auch gekauft. Sie genügte den räumlichen Anforderungen der expandierenden Firma schon bald nicht mehr. 1962 erwarb er deshalb ein Teilgrundstück auf dem Gelände des jetzigen Standortes sowie eine alte Holzhalle aus dem Repertoire der Hafenverwaltung Kehl, die dort abgebaut und in Linx als erste Produktionshalle wieder zu neuen Ehren kam. 1963 wurde das Unternehmen auf das heutige Betriebsgelände in Rheinau-Linx verlegt. Ein Jahr später errichtete man hier bei harten winterlichen Witterungsbedingungen einen weiteren Meilenstein – die Treppenbauhalle.

Bescheiden setzten die Anfänge des Fuhrparks ein. Das erste Auto, einen gebrauchten Opel Olympia, schaffte Hans Weber zur Geschäftseröffnung für 1.300 DM an. Privat konnte man sich so einen Luxus noch nicht leisten. Eine Spezialanfertigung war der ausziehbare Anhänger, mit dem auch Langhölzer befördert werden konnten. Wenn Materialien und Maschinen zu den Baustellen zu

Das Firmengelände in den frühen 60er Jahren

Nach getaner Arbeit wird gefeiert: Hans Weber, Karl Weber und Gerhard Manßhardt

transportieren waren, musste man sich damit irgendwie behelfen. Auf den Olympia folgte ein betagter Opel Kapitän mit einem Pkw-Anhänger. Heute kaum mehr vorstellbar, aber die jetzt selbstverständlichen und äußerst praktischen Gelände- und Transportfahrzeuge gab es damals noch nicht.

Wenn Mitarbeiter zur Baustelle gefahren werden mussten oder der Chef noch zu einem Fußballspiel seines Vereins wollte, immer kam der brave Kapitän zum Einsatz. Im SV Linx war Hans Weber der Erste überhaupt, der ein Auto besaß. Und wenn es zu Auswärtsspielen ging, fuhr er nie alleine, sein Auto war stets komplett belegt.

Bis Mitte der 60er Jahre hatte sich der Zweimannbetrieb schon zu einer Firma mit 15 Arbeitern gemausert. Genügend Arbeitskräfte zu bekommen, war in dieser Zeit allerdings ein Problem: Zwar gab es zu Beginn der 50er Jahre noch über zwei Millionen Menschen ohne Arbeit, der wachsende Markt der Wirtschaftswunderzeit absorbierte

Faszination Holz(fertig)haus

Holzhäuser sind auch Hans Webers große Leidenschaft: „Bei jedem Haus, das nicht aus Holz gebaut wird, denke ich daran, was dem Bauherrn doch hier entgangen ist." Urige Gemütlichkeit, warme Behaglichkeit und Romantik am knisternden Kaminfeuer. Mit keinem anderen Baumaterial verbindet man derartige Attribute. Die besonderen Eigenschaften des nachwachsenden Rohstoffes Holz verheißen mehr als nur ein Dach über dem Kopf. Sie schaffen eine einzigartige Wohnlichkeit. Wer einmal in einem Holzhaus gelebt hat, wird diese besondere Atmosphäre nicht mehr missen wollen. Wenn es nach Hans Weber ginge, müsste das auch niemand.

Über die Optik und die Behaglichkeit hinaus spielt das Material Holz auch hinsichtlich seiner Nutzfunktionen eine sehr überzeugende Rolle. Moderne Holzhäuser genügen strengsten Vorgaben für eine ökologische Bauweise und umweltfreundliches Wohnen. Sie bieten einen besonders hohen Wärmeschutz und deshalb niedrige Heizkosten.

Moderne Holzhäuser werden heute in Fertigbauweise erstellt. Die Typologie der Holzbauweisen reicht von stabförmigen Konstruktionen (Holzskelettbau) über flächige Systeme mit zusammengesetzten Querschnitten (Holzrahmenbau/Holztafelbau) bis zu flächigen Massivkonstruktionen (Blockbau, moderne Holz-Massivbausysteme). Heute kommen überwiegend die Methoden des Holztafelbaus zum Einsatz. Auch WeberHaus fertigt in dieser Bauweise, bei der vorgefertigte Elemente aus vorgetrocknetem Holz und Dämmmaterial verwendet werden. Was die Weber'sche Produktpalette von Anfang an ausgezeichnet hat, ist die Absage an das „Typenhaus" zugunsten der Verwirklichung einer individuellen Idee. Weil jeder Bauherr seine eigenen Wünsche bei der Planung seines Traumhauses einbringen kann, gleicht keines der 35.000 von 1960 bis heute erbauten Weber-Häuser völlig dem anderen.

Als Spezialist und Kenner seines Fachs ist Hans Weber immer ein Anhänger und Verfechter der Holzbauweise gewesen. Staunend musste er jedoch immer wieder feststellen, wie viele Vorurteile und welche Unkenntnis über die Holzfertigbauweise hierzulande bestanden. Häufigstes Argument: Steinhäuser seien stabiler als Holzhäuser. Die Statik eines Holzfertigbaus ist aber schon aufgrund der bautechnischen Vorschriften der eines Steinhauses in nichts unterlegen. Deutschlands älteste Fertighäuser wurden vor rund 70 Jahren errichtet – und sind immer noch in bester Verfassung. Vorausgesetzt, dass Dach und Außenfassade instand gehalten werden und nirgends Feuchtigkeit in die Bausubstanz eindringt, prophezeit Hans Weber seinen Holzhäusern eine Lebensdauer und Haltbarkeit von mehreren hundert Jahren. Ein Gutachten, das der Bundesverband Deutscher Fertigbau e.V. von der Technischen Universität Braunschweig erstellen ließ, bestätigt, dass bei entsprechender Pflege und Wartung durch den Bewohner für Holzgebäude „eine Lebensdauer von mindestens 100 Jahren zu erwarten ist“ (Gutachten von Prof. Dipl. Ing. Horst Schulze). Ein weiterer Pluspunkt von Holzfertighäusern: Sie sind trocken und leiden nicht unter dem klassischen Problem mancher schnell hochgezogener Neubauten, erst noch über einen gewissen Zeitraum austrocknen zu müssen, bevor man an den Innenausbau gehen kann. Welche Rolle der Trockenheitsgrad eines Hauses für die Gesundheit seiner Bewohner spielen kann, erfuhr Hans Weber wieder einmal, als er sich mit einem Bauherren-Ehepaar unterhielt. Man habe auf ärztlichen Rat hin mit WeberHaus gebaut, um dem 8-jährigen, schwer an Asthma erkrankten Sohn der Familie zu helfen. Keine Kur hatte ihn bisher heilen können. Als ein weiterer Klinikaufenthalt auf der Insel Föhr dem Jungen wieder nicht geholfen hatte, riet der dort behandelnde Arzt: „Sage deinen Eltern, sie sollen ihr Haus verkaufen und ein Holzfertighaus bauen!“ Nach einem eingehenden Gespräch mit dem Mediziner, der schon vielen Patienten mit diesem Hinweis geholfen hatte, folgten sie tatsächlich seinem Rat und entschieden sich für den Bau eines Weber-Hauses. Der Junge wurde gesund.

WeberHaus war eines der ersten Unternehmen, das für den Innenausbau Gipsplatten verwendete. Bei diesem Thema gerät der Chef leicht ins Schwärmen: „Auch beim Sanieren alter Häuser kamen die Gipsplatten zum Einsatz. Das war eine wunderbare Sache: Die Platten atmen, gehen mit und leben. Die Gipsplatte war eine Revolution.“ Zur Dämmung der Häuser verwendete man Mineralwolle von anfangs 20 mm Stärke. Dann wurde sukzessive auf 40, 60 und 80 mm erhöht, heute bringt es WeberHaus auf 160 mm. Bei WeberHaus habe sie sich in über 50 Jahren hervorragend bewährt, versichert Hans Weber. Auch nach auftretender Feuchtigkeit biete dieses reine Naturmaterial, das hauptsächlich aus Altglas, Sand und Soda bestehe, den Vorteil, dass es nach dem Trocknen wieder denselben Isolierwert habe wie vorher. Nach dem Elbhochwasser im Jahr 2002 konnte man sich erneut von der Qualität des Materials überzeugen: 13 Weber-Häuser standen in den Fluten, das Wasser bis unter die Decke. Nachdem es abgelaufen war, öffneten die WeberHaus-Mitarbeiter die Wände und trockneten sie. Zwei bis drei Monate später konnten die glücklichen Bewohner wieder einziehen.

Die Wand der Weber-Häuser ist diffusionsoffen. Wenn Feuchtigkeit eindringt, kann sie von innen nach außen entweichen. Sie ist so konstruiert, dass sie innen härter ist und nach außen weicher wird. Heute arbeitet das Unternehmen bei den Außenwänden mit 16 cm Vollholz, einer 16 mm

Holzwerkstoffplatte und einer 1-cm-Gipsplatte nach innen. Nach außen verwendet man eine 10-cm-Holzfaserplatte. Mit Putz und allem Drumherum wird eine Wandstärke von 30 cm erreicht, immer noch bedeutend weniger als bei einem herkömmlichen Bau mit gleicher Dämmung. Ausdruck für den hohen Selbstanspruch des Unternehmens an seine Produkte ist die Garantieleistung, die an die Bauherren vergeben wird. Als erstes Unternehmen gewährte WeberHaus 30 Jahre auf die Grundkonstruktion der Häuser. Die für Bauwerke übliche Gewährungsfrist nach VOB/B beträgt fünf Jahre.

Wenn Hans Weber die Vorteile dieses oder jenes Baustoffes darstellt, spricht daraus natürlich Erfahrung, aber auch die reine Freude am Material. „Ich habe schon als Kind gerne mit Holz gebastelt. Für mich ist das ein Baustoff, aus dem man alles machen kann, sogar runde Dächer." Dass dieses wunderbare Material auch ökologisch in Ordnung ist, ist ein weiterer Pluspunkt, der heute wichtiger ist denn je. Außerdem ist Holz als nachwachsender Rohstoff ideal: Der Holzverbrauch für ein WeberHaus liegt bei ca. 50 m³. Diese Menge wächst in 100 Jahren doppelt bis dreifach nach.

Und die Kosten? Echte WeberHaus-Qualität hat ihren Preis. Trotzdem: „Abstriche an der Qualität machen wir nicht", lautete von Anfang an Hans Webers Devise. Seine Begründung ist überzeugend: „Die Freude über einen billigen Kauf währt nicht so lange wie der Ärger über mindere Qualität."

aber in einer Rekordzeit von wenigen Jahren diese Arbeitskräfte, inklusive der etwa 2,7 Millionen Menschen, die nach dem Mauerbau aus der DDR in die Bundesrepublik kamen. Die Nachfrage nach Arbeitskräften war seit Mitte der 50er Jahre so stark, dass Deutschland erstmals Gastarbeiter anwarb. Seit den späten 50er Jahren herrschte Vollbeschäftigung mit einer Arbeitslosenquote von unter zwei Prozent. So manche Firma suchte händeringend und oft vergeblich nach qualifizierten Mitarbeitern.

Hans Weber musste nicht erst inserieren, um Zimmerleute oder Schreiner zu finden. Man kannte sich durch den Sport- und auch über den Musikverein. Und man kannte inzwischen WeberHaus. Viele stellten sich auch zur Verfügung – frei nach dem Motto: „Wenn Du mal jemanden brauchst..." So rekrutierte sich in den ersten zehn Jahren die „Weber-Mannschaft".

WeberHaus florierte. Im ersten Geschäftsjahrzehnt gab es traumhafte Umsatzsteigerungen von zum Teil über 100 Prozent jährlich. So erwirtschaftete WeberHaus im Jahr der Betriebsgründung 1960 mit zwei Mitarbeitern einen Umsatz von 35.000 DM. 1964 betrug er rund 100.000 DM, um sich im nächsten Jahr noch einmal zu verdoppeln und sich 1969 schließlich bei 2,3 Millionen DM einzupendeln. In den ersten zwei Jahren seiner Selbständigkeit, also 1960 und 1961, baute WeberHaus drei Häuser, im nächsten Jahr waren es doppelt so viele und 1965 schon 17 Objekte. Man beschloss das erfolgreiche Anfangsjahrzehnt 1969 mit insgesamt 70 schlüsselfertig gebauten Häusern.

5. Schritt für Schritt zum fertigen Haus

Für Hans Weber war der Erfolg nicht weiter verwunderlich, sondern „nur" eine Bestätigung seiner Idee, an die er – allen Zweiflern und manchen Spöttern zum Trotz – immer geglaubt hatte. Und er gab seine Überzeugung an die Kunden weiter, wenn er selbst als Verkäufer agierte. Bis in die 70er Jahre ging der Chef regelmäßig mit auf die Baustellen. Zum Aufrichten der Häuser sowieso, das war für den passionierten Zimmerermeister jedes Mal ein Fest. Wichtig war ihm aber auch der direkte Kontakt zu den Bauherren. Es ging nicht nur darum, einen Auftrag abzuwickeln. Hans Weber wollte teilhaben an der Freude der Bauherren, genoss es, wenn diese, flankiert von der versammelten Nachbarschaft, ins Staunen kamen über die Sensation des Tages: „Es ist faszinierend, wenn die Bauherren zusehen, wie ihr Haus wächst. Viele nehmen sich extra einen Tag frei, schauen zu und fotografieren, andere fahren zur Arbeit und wenn sie abends wiederkommen, steht da ihr Haus."

Traurig wurden die Bauherren allerdings, wenn es beim Aufrichten zu regnen anfing, bevor das Dach aufgebracht war. „O je! Nun geht unser schönes Haus kaputt, bevor es ganz steht", befürchtete so mancher und rechnete mit dem Schlimmsten. Hans Weber musste den Leuten in solchen Fällen gut zureden, erklärte geduldig, dass man ja nicht jedes Mal abbauen könne, wenn der Himmel sich verdunkle. Da gab es nur einen Rat: „Fenster aufreißen, Luft durchlassen und spätestens nach zwei, drei Tagen ist die Feuchtigkeit wieder heraus."

Wer es noch nie gesehen hatte, der wollte es kaum glauben. Auch in den 60er Jahren, bevor die Industrialisierung der Arbeitsabläufe bei der Fertighausherstellung einsetzte, wurde ein solches Haus tatsächlich an einem Tag aufgestellt. Das erforderte viele fleißige Hände und eine gute Planung. Über beides verfügte man bei WeberHaus von Anfang an. Zur Vorbereitung gehörte die Vorproduktion der Wände in der Fertigungshalle, was damals noch sehr provisorisch vonstatten ging. Da sie noch von Hand transportiert werden mussten, durften sie eine Länge von vier Metern nicht überschreiten.

Nachdem die Wände vor Ort gebracht und wiederum per Hand entladen worden waren, gingen die Zimmererleute ans Aufrichten des Hauses. Beim Hochhieven der Wände halfen immer vier bis fünf Landwirte aus dem Ort, denn einen Autokran gab es noch nicht. Natürlich waren die Häuser damals noch nicht so veredelt und in Sachen Außenhaut und Dachkonstruktion nicht so weit entwickelt wie heute. Die Fenster wurden am ersten Tag noch nicht eingebaut, die innere Isolierung und die Verschalung bis auf die Gipsplatte aber schon fertig gestellt. Was heute alles bereits vorab im Werk geschieht, wurde in diesen Jahren erst nach dem Aufbau auf der Baustelle erledigt: der Einbau der Fenster, das Anbringen der Gips- und der Heraklith-Platten sowie das Verputzen.

Den Innenausbau des Hauses abzuschließen, wozu u. a. die elektrischen Leitungen und Sanitärinstallation gehörten, dauerte dann noch zwei Monate. Was WeberHaus selbst ausführen konnte, wie den Einbau der Fenster und Türen, übernahm die Firma. Sanitär-, Heizung- und Elektroleistungen kaufte man hinzu. Die Teamarbeit funktionierte: Noch heute arbeitet man mit drei Subunternehmern der ersten Stunde zusammen. Trotzdem ging WeberHaus bald dazu über, selbst Leute für unterschiedliche Gewerke anzulernen, weil dann die Abwicklung unkomplizierter war. Auch wenn man es

Der erste Teleskopkran bei WeberHaus 1965

dem fertigen und verputzten Gebäude von außen nicht mehr ansieht, ist das Weber-Haus der Konstruktion nach damals wie heute ein Holzhaus, das in Holzrahmenbauweise entsteht.

Mancher der Beteiligten wird beim Auf- und Abladen der sperrigen Wand- und Dachteile leise geflucht haben, denn es war eine schwierige und extrem anstrengende Arbeit. Einen beweglichen Kran müsste man haben! Den gab es erst in Amerika. 1965 unternahm Hans Weber eine Studienreise in die USA, die allerdings geheim gehalten wurde. Es sollte nicht heißen, der Weber sei jetzt komplett „abgehoben". Wer flog in den 60er Jahren schon nach Amerika, außer vielleicht zum Studium oder in politischen Angelegenheiten? Aber es war das Land, dessen Menschen im Neuen immer das Bessere sahen. Und es war die große Welt, wo auch die Idole der 60er Jahre zu Hause waren: John und Jackie Kennedy, Martin Luther King und John Lennon.

Die Reise lohnte sich und öffnete Hans Weber die Augen für die Fortschritte in der Fertigbauweise. Hier gab es Hydraulikkräne. Natürlich wurde sofort ein Exemplar gekauft und zu Hause auf einen alten Mercedes-Lastwagen montiert. Nun verfügte man über einen beweglichen Teleskopkran, mit dem man Teile hochziehen und transportieren konnte, wohin man wollte. Eine ungeheure Erleichterung. „Da haben sie alle geguckt", weiß Hans Weber heute noch zu berichten. „Ja, ja, der Weber..., werden sie wohl wieder einmal gedacht haben."

Hans Weber: Mitten im Leben

1. Eine Familie wird gegründet

Auch privat erlebte Hans Weber ab 1960 seine Gründerjahre. Nach einer langen sportlichen Durststrecke konnte sein Verein SV Linx im Dezember 1960 in Ulm im Renchtal endlich wieder ein gewonnenes Spiel für sich verbuchen. Bei bester Stimmung kehrte man ins Vereinslokal ein, denn Clubhäuser waren zu dieser Zeit noch nicht üblich. Man trank noch ein Bier und feierte den Erfolg. An diesem Abend half eine hübsche junge Frau beim Servieren aus: Christel Scheurer. Bei ihrem Anblick muss den Sieges trunkenen Fußballern eingefallen sein, dass sich noch zwei Junggesellen unter ihnen befanden. Einer von ihnen war Hans Weber. Die Information wurde prompt weitergegeben: „Fräulein, unter uns beiden können Sie noch wählen“, teilten die Kandidaten ihr erwartungsvoll mit. Wer hätte gedacht, dass das Fräulein diese Aufforderung tatsächlich ernst nehmen würde?

Hans und Christel Weber 1962 vor dem „Amischlitten“ seiner Cousine, die einen amerikanischen Soldaten geheiratet hatte

Ein paar Tage später war Hans Weber wieder zur Stelle. Nicht ganz zufällig, denn er hatte angekündigt, dass er wieder kommen würde. Die Christel ging ihm einfach nicht mehr aus dem Kopf! Während der Woche arbeitete sie in einem Büro in Oberkirch, sonntags half sie ihrer Tante in der Gaststätte, über der sie gemeinsam mit ihrer Mutter wohnte. Hierhin zog es Hans Weber immer wieder. Die beiden jungen Leute unterhielten sich. Ihm gefiel ihre ruhige, zurückhaltende Art als Gegenentwurf zu seinem eigenen Naturell. „Es reicht ja, wenn einer immer vorprescht", dachte er bei sich. Und Christel? „Ich fand ihn angenehm. Das ist er noch heute", resümiert sie nach über 50 Ehejahren. „Es war eine schöne Zeit und Liebe auf den ersten Blick. Sie war mein Typ, ich anscheinend auch der Ihre. Ich habe keinen Fehlgriff getan", findet Hans Weber und setzt ein zufriedenes Lächeln auf.

Christel war recht bald im Bilde über die ehrgeizigen Zukunftspläne ihres Freundes. Er selbst erklärte der jungen Frau, was sein Handwerk war und was er bis jetzt schon daraus gemacht hatte. Er legte ihr Pläne vor und erzählte und erzählte. Gerade hatte der 24-Jäh-

Die Hochzeit 1963: Spieler des SV Linx stehen Spalier

rige als Selbständiger die ersten großen Aufträge abgewickelt, das Geschäft schien seinen Mann zu ernähren. Das war zwar alles ganz neu für Christel, hörte sich aber gut an. Sie war einverstanden mit dem Beruf ihres Freundes und akzeptierte seine hoch gesteckten Ziele. Doch dass die Firma einmal so expandieren sollte, war für sie damals natürlich nicht vorauszusehen. Später würde sie ihn manchmal bremsen müssen. Aber Hans Weber wusste immer, was er wollte – schon 1960, als er ganz am Anfang stand.

Christel und Hans – das passte. Wozu also warten? „Weißt Du was, wir könnten heiraten", meinte er deshalb forsch. Aber das junge Mädchen, erst 23 Jahre alt, wollte die verwitwete Mutter noch nicht alleine lassen. So zögerte Christel alles ein wenig hinaus. Weihnachten 1962, zwei Jahre nachdem sie sich kennen lernten, verlobten sich die beiden. Ein halbes Jahr später, am 31. August 1963, fand die Hochzeit statt.

Als „Hochzeitskutsche" diente – wie könnte es anders sein – der gute alte Opel Kapitän, mit dem sich nicht nur Arbeiter und Fußballspieler, sondern ebenso gut ein Hochzeitspaar zur Feier chauffieren ließen. Es muss schon etwas Besonderes mit diesem Gefährt auf sich gehabt haben, denn Christel Weber, auf ihre Hochzeit angesprochen, erinnert sich sofort an das schwarze Auto mit dem weißen Dach. Und so zog die Hochzeitsgesellschaft vom Haus der Luise Weber aus zur standesamtlichen Trauung in Richtung Rathaus, vorne weg die Musikkapelle mit Vereinskameraden aus dem Musikverein Linx. Wie zu erwarten, konnte Christels Mutter die Tränen nicht zurückhalten. Schließlich musste sie ihr einziges Kind ziehen lassen. Und über allem stand die Frage: Würde es gut gehen mit dem Hans?

Nach der Trauung fuhren die Gäste in einem Bus nach Honau zur katholischen Kirche, das Hochzeitspaar im Opel Kapitän voraus. Der evangelische Bräutigam hatte seiner Braut die katholische Zeremonie bei der Eheschließung gerne zugestanden. Allerdings, wenn Kinder kommen sollten, legte Christel Weber ganz pragmatisch fest, würden diese evangelisch getauft. Linx war ein protestantisches Dorf, und die Kinder sollten mit der am Ort üblichen Konfession aufwachsen.

Vor der Kirche überreichten Mitarbeiter von WeberHaus ihre Geschenke. Auch die Sportsfreunde vom SV Linx standen da in ihren Trikots und bildeten ein Spalier für das Brautpaar.

Von Honau aus ging es nach der Messe zurück nach Linx ins Café Obereck, wo gefeiert wurde. Etwa 40 Gäste werden es gewesen sein, wie ein Super-8-Film – ganz ungewöhnlich für diese Zeit – zeigt, der das Hochzeitsfest vom 31. August 1963 festhielt. Abends spielte die Musikkapelle auf und gab ein Ständchen. Eine kurze Hochzeitsreise führte die Brautleute nach Oberstdorf, wo Hans Weber 1958 vom Dach gefallen war. Er wollte noch einmal an diesen Ort des Geschehens, das ihn vor fünf Jahren zunächst so aus der Bahn geworfen hatte. Vielleicht um sich über sein Glück zu freuen, es trotz des schweren Unfalls gepackt zu haben. Die Hochzeitsreise war „kurz und schmerzlos", die Arbeit rief schon wieder.

2. Familienleben: Christel, Heidi und noch mehr Frauen

Rein „wohntechnisch" wurde es jetzt eng, oder besser: noch enger. Christel zog zu ihrem Mann in das kleine Fachwerkhaus der Schwiegermutter Weber, wo man nun gemeinsam mit der Mutter und Hans Webers behindertem Bruder Wilhelm lebte. Die jungen Eheleute bewohnten ein Zimmer, ein Bad gab es noch nicht.

Was lag näher, als sich nun selbst ein Häuschen zu bauen? Viel Zeit dafür hatte Hans Weber eigentlich nicht. Die Firma wuchs sehr schnell, ein Kunde nach dem anderen „drohte" mit Auftrag, dazu noch die Familienpflichten und Vereine. Trotzdem bauten die Webers 1963 ihr erstes eigenes Zuhause auf dem jetzigen Betriebsgelände. Vielleicht würde das junge Paar ja bald mehr Platz benötigen. Für lange Planungen blieb auch nicht viel Zeit. So wurde das Haus in einem „Gewaltakt" entwickelt und quasi nebenbei hochgezogen. An erster Stelle standen immer die Kundenaufträge, erst nach Feierabend und natürlich am Wochenende wurde am eigenen Objekt weitergearbeitet. Wer an den Feiertagen des Jahreswechsels 1963/64 an der Baustelle vorüber ging, wird sich über so viel Arbeitswut gewundert haben: Selbst zwischen Weihnachten und Silvester sah man Hans Weber und seine Helfer hier schuften. Eine harte Zeit, aber dafür war das erste Wohnhaus der Familie schon im Frühjahr 1964 fertig. Familie? Ja, tatsächlich, nun würden die Webers bald zu dritt sein. Im Oktober 1964 kam Tochter Heidi zur Welt. Das Glück war perfekt.

Mit dem eben fertig gestellten Weber'schen Wohnhaus bekam nicht nur die Familie ein eigenes Dach über den Kopf. Auch das Büro, auf das der Betrieb inzwischen nicht mehr verzichten konnte, wurde im gleichen Gebäude eingerichtet. Alle administrativen Tätigkeiten bis hin zu Verkaufsgesprächen fanden nun hier statt. Das ersparte lange Wege zwischen den zwei Lebenswelten Familie und Firma. Entsprechend familiär ging es zu. Kam während eines laufenden Beratungsgespräches schon der nächste interessierte Kunde, wurde er ohne Umstände mit einer Tasse Kaffee ins Wohnzimmer gebeten, das sich, je nach Andrang, in eine Art Wartezimmer verwandelte. Und mittendrin krabbelte die kleine Heidi munter umher. Das störte gar nicht, denn bei Webers waren Familie und Firma immer eins. „Die Firma spielte die Hauptrolle. Trotzdem kam keiner von uns zu kurz," umreißt Christel Weber das Familien-Firmensystem.

Nun hatte Christel Weber alle Hände voll zu tun. Von Anfang an brachte die gelernte Kauffrau ihre Arbeitskraft in die Firma mit ein. Das war selbstverständlich, schließlich hatte sie einen Vollblutunternehmer geheiratet. Und eine Ehefrau, die sich in rein familiären Sphären bewegt und keine Ansprechpartnerin für alles rund um das Unternehmen hätte sein können, wäre nicht die Richtige gewesen. Wie in allen Dingen des Lebens, bewies Hans Weber auch bei der Wahl seiner Ehefrau das richtige Gespür. Dass seine Christel „voll mit einsteigen" würde, hatte sich schon vor ihrer Hochzeit abgezeichnet. Seit 1961/62 erledigte sie gewissenhaft die Abrechnungen. Als die Firma 45 Angestellte hatte, wurde eine Bürohilfe eingestellt. Auch nach der Heirat arbeitete Christel immer mit, zu tun gab es reichlich: Lohnabrechnungen, Angebote schreiben und sauber abtippen, wofür später die Schwester Gretel eingestellt wurde.

Eine besondere Vertrauensstellung bekleidete Christel Weber lange, denn sie zahlte die Löhne aus, damals noch in bar. Ein Wochenlohn von 70 DM wurde als Vorschuss gegeben, am Ende oder am Anfang des Monats wurde die Abrechnung gemacht. Jeden Samstag von 8 bis 10 Uhr saß „die Chefin" im Büro und löste die Belege ein, die die Mitarbeiter für Auslagen und Übernachtungen eingereicht hatten. Hans Weber war froh, dass die Finanzen bei seiner Frau in kompetenten Händen lagen, so konnte er sich in den Aufbaujahren ganz auf die Organisation und den Hausbau konzentrieren.

Außer im Bereich Finanzen sprang Christel bei Bedarf auch als Verkäuferin ein. Wenn interessierte Kunden kamen, wurden diese durch das Weber'sche Wohnhaus geführt und beraten. Ein offizielles Ausstellungshaus gab es noch nicht. „Meine Frau zog immer mit", lobt Hans Weber seine Christel. Obwohl er der unumstrittene Chef im Hause war, fand er es klug und richtig, ab und zu auf sie zu hören. Wenn eine schwierige Entscheidung anstand, ging er auf sie zu: „Ich machte mir die Weisheit der Frau zu eigen, die mit ihrem Instinkt eine Gefahr kommen sah." Eine Zeit lang erwog er beispielsweise den Start eines Kompagnongeschäfts. Parallel zu WeberHaus sollte ein Unternehmen für den Kellerbau gegründet werden. Christel Weber riet prompt ab: „Das gibt nur Ärger." Hans Weber ließ die Finger davon und findet es noch heute richtig, so gehandelt zu haben. Und wo andere sich über die verpassten Chancen zerstritten, stand Hans Weber immer zu seiner Entscheidung nach dem Rat seiner Frau. Einmal besprochen und abgehakt, sind die Dinge dann auch erledigt.

Bei so viel Tatendrang der Eltern war es für alle Beteiligten eine gute Idee, Christel Webers allein stehende Mutter, Hedwig Scheurer, zu sich ins Haus zu holen, später auch ihre Schwester Tine. Großmutter Hedwig zog die kleine Heidi groß und führte den Haushalt. Von Anfang an wuchs Heidi in alles hinein, was mit der Firma zu tun hatte, lief durch die Hallen oder wurde vom Vater schon mal auf dem Arm durch die Firmenräume getragen. „Pass auf, das ist doch kein Stück Holz!" wurde dieser dann von „seinen Frauen" ermahnt, denn mit Holz kannte er sich schließlich am besten aus. Als die Tochter etwa sechs Jahre alt war, brachte Hans Weber ihr das Autofahren bei. Auf Vaters Schoß ging es dann immer um die Hallen herum. „Das war unsere Teststrecke."

Heidi erlebte den Vater als „Herrscher" über dieses kleine Imperium und wurde durch sein Vorbild geprägt. Positiv, wie sie findet. So wusste sie beispielsweise schon als ganz kleines Mädchen, dass sie später einmal Zimmermann werden würde. Klarer Fall. Ihr Vater war einer und „du wirst auch einer", verriet er der Tochter. Das klappte nicht ganz, ins Unternehmen stieg sie später trotzdem ein.

Auch wenn der Vater stets sehr beschäftigt war, blieb er für sie der willkommene Ansprechpartner. „Ich hatte immer das Gefühl, ihn jederzeit erreichen zu können." Spätestens zum Mittagessen war dies normalerweise der Fall. Denn bei aller Konzentration auf die Firmenbelange war es Hans Weber und seiner Frau wichtig, familiäre Rituale wie gemeinsame Mahlzeiten nicht zu vernachlässigen. Und hierbei galt eine wichtige Regel: Wenn das Kind dabei ist, wird nicht über die Firma gesprochen. Die Eltern hielten sich daran. Dinge, die beruflich dumm gelaufen waren, und andere Ärgernisse hatten am Esstisch der Familie nichts zu suchen.

Hans Weber war in den Familien älterer Unternehmerkollegen aufgefallen, dass dort der Nachwuchs den Familienbetrieb später oft nicht übernehmen mochte. „Das, was gut läuft in einer Firma, darüber wird meistens nicht gesprochen", wunderte er sich. „Aber das Negative, das wird zu Hause in aller Länge verhackstückt." Seine Tochter sollte bei solchen Gesprächen nicht zuhören müssen, um dann zu denken: „Oh, Gott, und in den Laden soll ich später mal hinein ..."

Apropos Nachfolge: Hans Weber legte nie ausdrücklich Wert auf einen Sohn als Nachfolger. Schließlich sei nicht gesagt, dass ein Sohn für die Firma unbedingt geeigneter sein würde als eine Tochter. So wie es kommt, so ist es gut. Das war und ist seine Lebenseinstellung – in dieser Frage und überhaupt. Und inzwischen gibt es ja nicht nur Gründersöhne, sondern auch Gründertöchter, die auf die Gründerväter folgen. Auch im Hinblick auf die häusliche Situation dieser Jahre war Hans Weber rundum zufrieden. Kein Wunder. Im Kreise der Tochter und der drei Frauen – Ehefrau Christel, die Schwiegermutter und deren Schwester – kam er sich manchmal vor wie ein echter Pascha. Die Damen verwöhnten den einzigen Mann im Haus, der, wenn er heimkam, immer auf mindestens zwei Frauen traf. Etwaige Rückzugsmöglichkeiten wie ein Lese- oder Fernsehzimmer gab es natürlich nicht. Nicht jeder Mann hätte sich unter diesen Umständen häuslich einrichten können. Hans Weber fand das in Ordnung: „Meine Schwiegermutter war sehr gut auf mich zu sprechen. Und auch die Tante rannte immer gleich los, wenn ich etwas wollte.“ So ließ es sich leben. Und wenn Hans Weber sich in dem Frauenhaushalt auch mal nützlich machen wollte, wurde ihm dieser

Hans Weber mit dem Musikverein Harmonie Linx

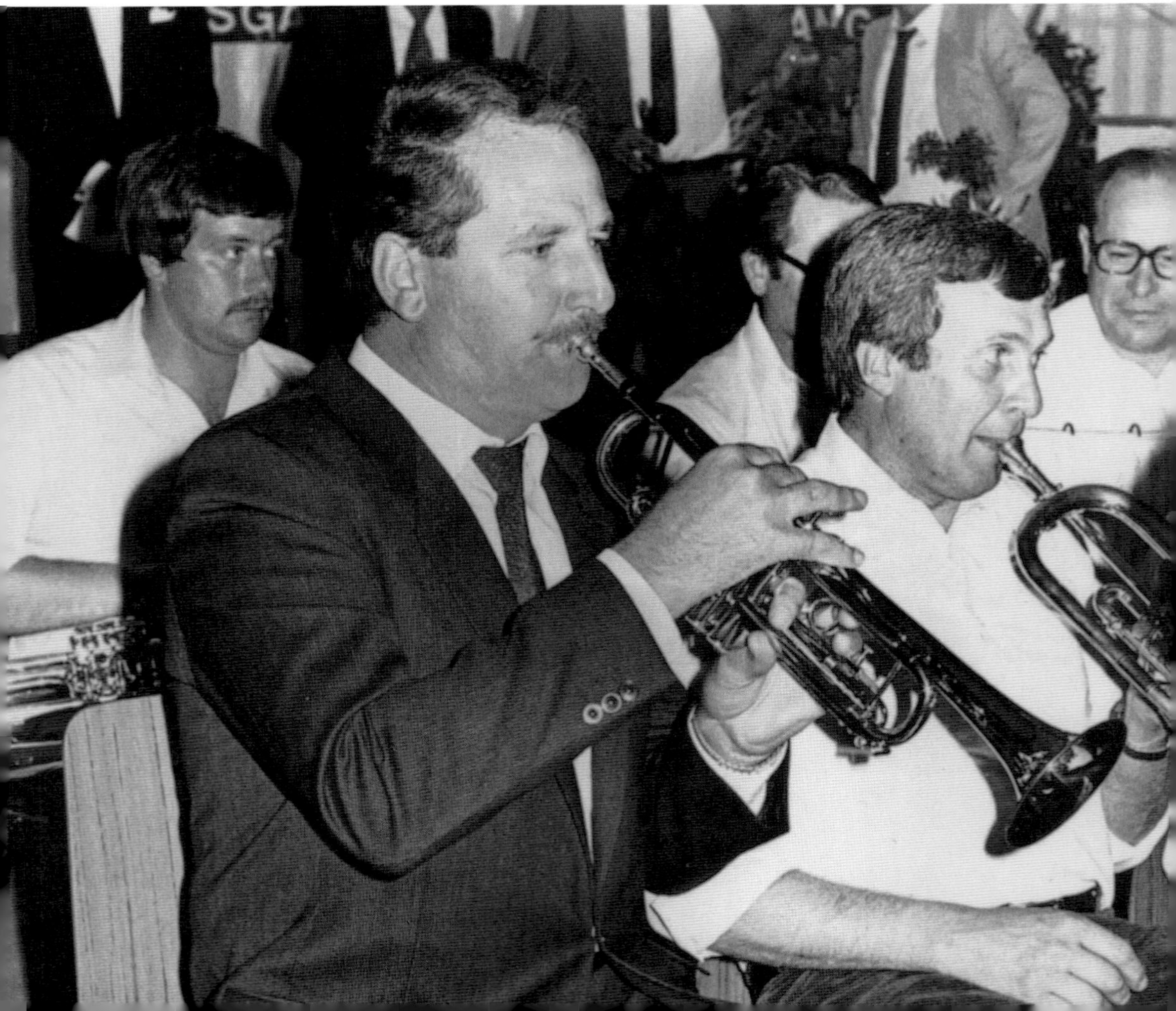

Wunsch einfach abgeschlagen. So versuchte er einmal, Schuhe zu putzen: Als er ans Werk gehen wollte, war wie von Geisterhand alles schon erledigt. So honorierten die Damen, was er den ganzen Tag über in der Firma leistete.

3. Mehr als Freizeit: Musikverein „Harmonie Linx“ und Fußballverein „SV Linx“

An zwei Abenden in der Woche hatte der Frauenhaushalt „frei“. Sonntags ging Hans Weber zum Fußball und freitags – später dienstags – war Probe beim Musikverein „Hamonie Linx“. Anschließend ging es meist ins Vereinslokal Gasthaus „Blume“. Eigentlich sollte man meinen, ein derart beschäftigter Mann findet keine Zeit für Hobbys. Das permanente Gestresstsein, wie es heute Mode ist, ist aber nicht Hans Webers Sache. Fraglos nahmen ihn die Hobbys zeitlich in Anspruch. Diese Zeit musste der Unternehmer sich zusehends selbst „abknöpfen“. Doch er tat es gern und tut es im neuen Jahrtausend noch immer. Denn Zeit hat man nicht, man muss sie sich nehmen.

Zum Beispiel der Musikverein. „Die zweistündigen Proben und die Auftritte, das ist ideal für gestresste Manager. Denn es lenkt trefflich ab. Wenn man zwei Stunden in der Probe ist, denkt man an nichts anderes mehr als an Musik“, berichtet Hans Weber. Ganz ohne Mühe kam man aber auch hier nicht zum gewünschten Erfolg. Natürlich ist es wieder die Herausforderung, die Hans Weber neben der Liebe zur Musik am aktiven Musikmachen reizt: „Das Musizieren ist anstrengend. Man muss sich unheimlich konzentrieren und die Noten lesen können wie eine Zeitung. Aber diese Anstrengung verlangt in jedem Alter, dass die Hirnzellen mitarbeiten.“ Na bitte, ohne Arbeitseinsatz geht es nirgendwo. Für Hans Weber kein Problem. Denn wenn es dann bei einem Stück in der Endphase der Probe so richtig gut läuft, kommt Freude auf, und alle haben ihren Spaß. Im Orchester des Musikvereins, wo jeder Instrumentalist seinen besonderen Platz hat, spielte Hans Weber 60 Jahre lang die 1. Trompete. Die „erste Geige“ wollte er aber nicht auf Lebenszeit sein. So spielt er inzwischen freiwillig nur noch in der dem Verein angehörenden 12 Mann starken Gründerkapelle mit.

Die Mitgliederzahl des Musikvereins schwankt, um 1960 waren es etwa 30, in Spitzenzeiten 60 Männer und Frauen. Bei einem Dorf von 1.000 Einwohnern eine beachtliche Zahl. Auf die 1. Trompete konnte man jedenfalls immer zählen, nur wenn er gar nicht am Ort war, fehlte der Hans bei den Proben. Oder er fuhr kilometerweit, um bei einem Treffen dabei zu sein. Es war nicht nur das eigentliche Proben, was Spaß machte. Hinterher saß man in der Clique beisammen, pflegte Kameradschaft und Geselligkeit. Und das alles ohne Promillegrenze ...

Das Repertoire der „Harmonie Linx" war breit. Man spielte Märsche, Polkas, Klassisches oder Musical-Stücke. Sehr gefragt waren auch die gängigen Filmhits wie z. B. „Schwarzwaldmädel". Das alles brachte man in den Dörfern ringsum bei entsprechenden Anlässen zu Gehör. Bei Auftritten in der „Blume" in Linx war es immer „gerappelt" voll.

Es konnte durchaus auch eine Beerdigung sein, bei der feierlich zu Ehren des Verstorbenen und zum Trost der Hinterbliebenen aufgespielt wurde. Dem traurigen Ereignis durch ihre Musik einen erhebenden Rahmen geben zu können, das fanden die Linxer Musiker schön. Eine Beerdigung ohne feierliche Musik empfindet Hans Weber noch heute im wahrsten Sinn des Wortes trostlos.

In diesem Engagement zeigt sich noch mehr als die reine Lust am Musizieren. Hans Weber tut gerne etwas für die Gemeinschaft. Im Verein „Harmonie Linx" engagierte er sich als Chorführer, das heißt als Sprecher der Aktiven, und organisierte viele Veranstaltungen. Und was Hans Weber organisierte, funktionierte anschließend auch. Das honorierte man ihm mit Anerkennung. Sein Wille zum Engagement brachte es mit sich, dass Hans Weber bei Bedarf auch „ein Wörtchen" mitredete. Ja, er strahlte Autorität aus. Was Hans Weber sagte, das wurde prompt umgesetzt, ohne dass gestritten oder lange diskutiert wurde. Hier drückte sich aber auch die Freude an der Gestaltung des Miteinanders, der Gemeinschaft aus. Hans Weber mag es, seinen Mitmenschen ein Stück von dieser eigenen Freude mitzugeben. Ein öffentlicher Auftritt mit der Trompete war da ebenso geeignet wie der Einsatz für die sportliche Elf des SV Linx.

Womit das Stichwort für die andere große Passion Hans Webers gefallen ist, den Fußball. Um 1960 genoss der Fußballsport hohes Ansehen. Ein kollektiver Begeisterungstaumel hatte das Land nach dem legendären 3:2-Sieg gegen Ungarn, dem „Wunder von Bern" von 1954, erfasst. Der Gewinn der Fußballweltmeisterschaft gab Deutschland einen gewaltigen Schub an Optimismus. Erfolgreiche Fußballspieler und Trainer erlangten Heldenstatus, und 1963 fiel der Startschuss für die Bundesliga.

In Linx wurde schon im Juni 1949 ein Fußballverein gegründet. Der Eintritt für Mitglieder im Gründungsjahr betrug 30 Pfennig. Wenn auch „an mir kein Fußballtalent verloren gegangen ist", wie Hans Weber leicht resigniert feststellt, so tat dies seiner Euphorie für das Spiel um das runde Leder keinen Abbruch. Sonntags ging es auf den Fußballplatz, wo er zwar nicht selbst den Ball trat, aber den Jungs vom SV Linx begeistert zuschaute und sie anspornte. Für den erst vor zwei Jahren „zugereisten" Heimkehrer war die Treue zum Linxer Dorfverein auch ein Stück Heimatpflege, auch wenn dabei sein nicht alles war. Wie es so seine Art war, dachte er beim Zuschauen gleich darüber nach, wie man aus dem SV Linx noch etwas mehr an sportlicher Leistung herausholen und die Jungs auf der Ligatabelle noch weiter nach vorne bringen könnte.

Als er im Juni 1959 mit 22 Jahren die Wahl zum jüngsten Vorsitzenden des Vereins annahm, wurden die Überlegungen konkret. An den Fußball ging er heran wie an alles, was er in Angriff nahm: mit dem unbändigen Willen, etwas daraus zu machen, und mit einem guten Gespür für die Bedürfnisse der Gemeinschaft. Dass einige Vorstandsmitglieder aus Protest gegen die Absetzung des alten Vorsitzenden zurücktraten und dem „Jungen" nichts zutrauten, machte Hans Weber vor allem menschlich zu schaffen.

Der Vereinsvorsitz war keine leichte Aufgabe für einen jungen Mann, dem es an Menschenkenntnis und Erfahrung schon aufgrund seines Alters noch mangelte. Hans Weber fehlte es aber weder an Selbstvertrauen noch an Führungsstärke und schon gar nicht an Motivationskraft. Er hatte die feste Überzeugung, zum Wohle des Vereins wirken zu können und zeigte Einsatzbereitschaft, überall. Sie erstreckte sich auf die großen Dinge – den Aufstieg in die nächste Spielklasse – ebenso wie auf die alltäglichen Kleinigkeiten. „Es bleibt nicht dabei, dass wir immer verlieren", schwor sich der neue Vorsitzende bei Amtsantritt und schuf erst einmal alle Voraussetzungen, um besseren Fußball bieten zu können.

Jugendmannschaften wurden aufgebaut und Talentsuche betrieben. 1982 weihte der Verein die komplett neu gestaltete Sportanlage und ein neues Clubhaus ein. Unter der Devise „Immer schön auf dem Teppich bleiben" setzte er dem Engagement stets da seine Grenzen, wo man sich mit noch mehr Ehrgeiz vielleicht in finanzielle Abenteuer gestürzt hätte. Nein, wenn man es mit dem vorhandenen Team nicht schaffte, dann würde man eben wieder absteigen. Nur nicht übermütig werden! Wenn eine spielerische Herausforderung eine Nummer zu groß war – gut, dann war eben dort die Grenze des Vereins. Hauptsache, man blieb sich treu.

Oberligaspiel des SV Linx

Unter Hans Webers Ägide stieg der Verein mehrmals in die Oberliga auf. Aus dem Dorfverein wurde ein straff geführter Fußball- und Sportverein, der das Hanauerland regional wie überregional repräsentierte. Das erste Spiel in der Oberliga Baden-Württemberg unter dem damaligen Trainer Lothar Strehlau gegen den Offenburger FV lockte 1987 3.000 Zuschauer ins Hölzel-Stadion. Im Fernsehen wurde erstmals über den SV Linx berichtet, als er am 29. November 1987 gegen den 1. FC Pforzheim antrat.

Eine andere Sternstunde in der sportlichen Bilanz ereignete sich 1994: Durch einen spektakulären 3:1-Sieg gegen den FC Böhringen in Donaueschingen errangen die Linxer Jungs der 1. Mannschaft der Oberliga unter Trainer Patrick Ehle den Südbadischen Vereinspokal und damit die Berechtigung zur Teilnahme am DFB-Pokal. Das bedeutete, der nächste Gegner hieß FC Schalke 04. Vor 10.000 Zuschauern verloren die Linxer im Kehler Rheinstadion 2:3. Das konnte sich sehen lassen! Hans Weber war immer mit dem Herzen dabei. Auf dem Sportplatz und auf der Tribüne ging das Temperament mit dem sonst so kontrolliert wirkenden Unternehmer nicht nur einmal durch. „Mensch, was pfeift denn der da zusammen“, schimpfte er auf den Schiedsrichter. Aber nach dem Spiel war das vergessen, und es wurde mit allen gefeiert. Hier waren der Ort und die Zeit für Emotionen, hier rückten Sorgen des Alltags in den Hintergrund. Er selbst wiederum bemerkte in seiner Funktion als Vereinsvorsitzender erstmals, wie er auf Menschen wirkte. Er verstand es, sie durch seine eigene Hingabe an die Sache zu motivieren, er strahlte trotz seiner Jugendlichkeit Autorität aus, sein Wort galt viel.

Als die Mannschaft in der Saison1987/88 zum ersten Mal in die Oberliga aufstieg, schwelgte Hans Weber im Siegestaumel. Wie hat er sich mit den Kameraden gefreut! Sicher, insgeheim hatte er das Ziel ohnehin angepeilt – und so wurde der Sieg auch zu einem persönlichen Erfolg. Wäre umgekehrt der Sprung in die nächste Klasse nicht gelungen, so hätte Hans Weber das für sich auch als persönliche Niederlage verbucht. Das spürten alle.

An der Organisationsspitze verlangte der Sport, wie auf dem Feld, Einsatzbereitschaft. Hans Weber hatte viel um die Ohren. Ein Jahr nach der Übernahme des Vorsitzes beim SV Linx sagte er in einer schwachen Stunde zu seiner frisch angetrauten Frau: „Du, Christel, jetzt habe ich eine Familie, ein Geschäft, bin im Musikverein und im Sportverein. Eines gebe ich auf – ich weiß nur noch nicht, was.“ Ausnahmsweise hat Hans Weber in dieser Frage einmal nicht getan, was er sich vorgenommen hatte. Zum Wohle aller Beteiligten, sich selbst eingeschlossen. Er blieb dem Verein über vier Jahrzehnte lang als Vorsitzender erhalten, bis er im Jahr 1992 ins Präsidentenamt aufrückte.

Und was sagt er heute rückblickend über diese vielen Jahre? „Ich habe viele Eindrücke gesammelt, und es hat unheimlichen Spaß gemacht!“ Diese Freude am Spiel mit dem runden Ball, der immer öfter aus Plastik als aus Leder ist, will Hans Weber weitergeben. Seit den

In der Hans-Weber-Fußballschule trainieren die Kleinen wie die Profis

Jahren 2006 und 2007 organisierte der Verein Sportcamps für Jungen und Mädchen von 7 bis 14 Jahren. Und so war dann wieder eine Idee geboren, die „Hans-Weber-Fußballschule", eine professionelle Ergänzung zur Vereinsjugendarbeit. Der Startschuss fiel am 4. Juli 2007. Seitdem können interessierte Kids einen ganz besonderen „Lehrstoff pauken" und nebenbei die hohe Zielsetzung der Talentschmiede kennen lernen: Leistungsbereitschaft zeigen, zielgerichtet und zeitgemäß trainieren, Teamgeist erleben und entwickeln. Seit zehn Jahren bietet die Hans-Weber-Fußballschule jeweils in den Sommer-, Herbst-, Winter- und Pfingstferien solche Camps für Kinder an. Trainer Lothar Strehlau, der mit dem SV Linx schon in die Oberliga aufgestiegen ist, sieht aber noch viel mehr in seiner Arbeit: „Als Multiplikator arbeite ich mit allen Fußballvereinen im Hanauer Land zusammen und vermittle ihnen das Rüstzeug für einen qualifizierten Fußballunterricht."

Die 70er Jahre

1970	15.03.	Start der Aktion „Trimm Dich“
	04.05.	Borussia Mönchengladbach wird Deutscher Fußballmeister
	07.12.	Bundeskanzler Willy Brandts Kniefall von Warschau
1971	03.05.	Erich Honecker wird als Nachfolger Walter Ulbrichts Erster Sekretär (ab 1976 Generalsekretär) des Zentralkomitees der SED
	10.12.	Friedensnobelpreis für Bundeskanzler Willy Brandt („Neue Ostpolitik“)
1972	17.02.	Weltrekord für den VW „Käfer“ mit über 15 Millionen verkauften Exemplaren
	01.06.	Verhaftung der RAF-Terroristen Baader, Meins und Raspe; Gudrun Ensslin und Ulrike Meinhof werden kurz darauf gefasst
	26.08.	Eröffnung der XX. Olympischen Spiele in München
1973	27.01.	Waffenstillstand in Vietnam. USA ziehen Truppen ab
	03.02.	Das „Aktuelle Sportstudio“ im ZDF wird erstmals von einer Frau – Carmen Thomas – moderiert
	18.09.	Die BRD und die DDR werden per Akklamation als 133. und 134. Mitglied in die Vereinten Nationen aufgenommen
	16.10.	Die OPEC beschließt, den Ölpreis um 70 % zu erhöhen; erste große Ölkrise
	19.11.	Ölkrise: Die Bundesregierung verfügt ein Sonntagsfahrverbot
1974	06.04.	Die Schwedische Popgruppe ABBA gewinnt den Grand Prix d‘ Eurovision mit dem Song „Waterloo“
	16.05.	Helmut Schmidt wird Bundeskanzler, nachdem Willy Brandt wegen der Guillaume-Affäre zurückgetreten war
	07.07.	Die Deutsche Nationalmannschaft wird zum zweiten Mal Fußballweltmeister
1975	01.01.	Das Alter der Volljährigkeit wird von 21 auf 18 Jahre herunter gesetzt
	21.05.	Der Prozess gegen die RAF-Mitglieder in Stuttgart-Stammheim beginnt
1976	01.01.	Die Anschnallpflicht tritt in Kraft
	30.10.	Die ersten Demonstrationen gegen den Bau eines Kernkraftwerks bei Brokdorf. Es kommt zu Zusammenstößen mit militanten AKW-Gegnern
1977	07.04./30.07.	Todesschüsse der RAF-Terroristen auf Generalbundesanwalt Siegfried Buback und Bankier Jürgen Ponto
	18.10.	GSG 9 stürmt entführten Lufthansa-Jet in Mogadischu. Selbstmord der RAF-Gefangenen Baader, Ensslin und Raspe; der entführte Hans-Martin Schleyer wird einen Tag später tot aufgefunden
1978	25.07.	In England kommt das erste Baby nach künstlicher Befruchtung („in vitro“) zur Welt
	26.08.	NVA-Leutnant Siegfried Jähn ist der erste Deutsche im All
	15.11.	Fußballbundestrainer Helmut Schön nimmt seinen Abschied. Nachfolger wird Jupp Derwall
1979	17.01.	Smog-Alarm im Ruhrgebiet
	07.10.	Die Grünen kommen: Erstmals ziehen Mitglieder der Umweltpartei in ein Landesparlament (Bremen) ein

Die 70er Jahre: Auf Wachstumskurs mit dem Bau der Zukunft

In den 70er Jahren kriselte es in der deutschen Wirtschaft. In den turbulenten Zeiten der späten 60er Jahre hatte sich das bereits ankündigt. So besorgniserregend diese Entwicklung auch gewesen sein mag, WeberHaus präsentierte eine grandiose Erfolgsbilanz. Warum?

Seit Anfang des Jahrzehnts gingen die Wachstumsraten der Weltwirtschaft in ungewohntem Ausmaß zurück. Nicht zuletzt beeinflussten die Auswirkungen der internationalen Politik die ökonomische Entwicklung stark. Vor allem die Krise der US-Wirtschaft infolge des Vietnamkriegs war ein Grund für die internationale Flaute. Das andere krisenhafte Geschehen betraf die Energie. Im Zusammenhang mit dem israelisch-arabischen Krieg stellten die Öl exportierenden Länder die Machtfrage und lösten 1973 die Ölpreiskrise aus. Sie bescherte den westlichen Industrienationen die schwerste Wirtschaftsmisere seit Kriegsende. Absatzprobleme in der Automobilindustrie aufgrund des Ölpreisschocks, Rückgänge im Export und

Die stolze „Flotte" von WeberHaus 1970

erstmals mehr als eine Million Arbeitslose führten die deutsche Wirtschaft 1975 in die stärkste Rezession nach 1945.

Innenpolitisch schürte überdies die linksterroristische Herausforderung Ängste. Fahndungen nach Mitgliedern der Roten Armee Fraktion (RAF) gehörten nicht nur im „Deutschen Herbst" des Jahres 1977 zum Alltagsbild. Im Bereich von Wissenschaft und Technik machte sich Skepsis breit, und man diskutierte das „Ende des Wachstums", nachdem der „Club of Rome" schon einige Jahre zuvor „Die Grenzen des Wachstums" aufgezeigt hatte – Vorhersagen, die, wie sich später herausstellte, nicht oder nur zum Teil eingetroffen sind. Jedenfalls setzte ein Nachdenken über den bisherigen Weg ein, das seinen Ausdruck im Aufkommen alternativer Lebensformen wie der Öko-Bewegung und des Umweltschutzgedankens fand.

Und was tat sich in diesen Jahren bei WeberHaus? Keine Spur von Krise. Im Gegenteil: Der Laden brummte, das Geschäft boomte. Als die Öko-Welle heranrollte und hohe Wogen schlug, sah man sich mit dem natürlichen Baustoff Holz genau auf der richtigen Schiene und in seinen Vorstellungen zum Bauen in der Zukunft bestätigt.

1. Die Entscheidung: „Nur" noch Fertighäuser

Endlich geschafft: Zehn Jahre hatte es gebraucht, bis Hans Weber mit seiner Firma auf festen Beinen stand. Das musste gefeiert werden. Stolz lud das Unternehmen die inzwischen stark angewachsene Mitarbeiterschar zu einem Fest ins Gasthaus „Blume", wo das Dezennium am 16. Januar 1970 begossen wurde. Gleichzeitig setzte beim Chef das große Nachdenken ein. Zehn Jahre nach Geschäftsgründung musste sogar ein Hans Weber zugeben, dass es ihm zu viel wurde. Mit dem Zimmereibetrieb auf der einen und dem Fertighausbau auf der anderen Seite hatte WeberHaus bisher den Spagat zwischen zwei Firmen und zwei Produktionsweisen geschafft. Aber jetzt platzte alles aus den Nähten. Büros, Mitarbeiterschaft, Organisation, Hallengröße – alles schien im Hinblick auf morgen unterdimensioniert.

Die Auftragslage hätte nicht besser sein können, aber Hans Weber spürte mit sicherem Instinkt, dass er an einem entscheidenden

Punkt seiner Unternehmerkarriere angelangt war. Immer wieder hatte er in diesen Jahren Überzeugungsarbeit leisten müssen und sowohl die eigenen Mitarbeiter als auch neue und alte Kunden für den Fertighausgedanken begeistert. Die Firma war erfolgreich. Hier lag seine unternehmerische Zukunft, das hatte er im Gefühl. Hans Weber entschied sich, weit vorausschauend, auf den „Bau der Zukunft" zu setzen und sich fortan ganz auf den Fertighausbau zu konzentrieren. Er zog einen klaren Trennstrich und nahm ab 1. Januar 1970 keine herkömmlichen Zimmereiaufträge mehr an.

2. Expansion: Neue Werke, Büros und ständige Erweiterungen

Dieser Schritt sollte sich als goldrichtig erweisen. Die Konzentration auf den Fertighaussektor schuf bei WeberHaus die Voraussetzungen für ein Wachstum „ohne Ende", wie auch Zahlen für das laufende Jahrzehnt deutlich machen:

Jahr	Anzahl gebauter Häuser
1970	40
1975	230
1979	860

Von 1970 bis 1979 wurden insgesamt 3.142 Häuser gebaut. Dementsprechend wuchs die Zahl der Mitarbeiter von 100 im Jahr 1972 auf 760 im Jahr 1979 – nicht nur für damalige Verhältnisse eine sensationelle Entwicklung. Und ausgerechnet das Rezessionsjahr 1975 sollte für WeberHaus ein Traum-Jahr werden.

Die enormen Umsatzsteigerungen konnten nur durch die ständige Erweiterung der Werksanlage bewältigt werden. 1972 erfolgte der Bau der 30.000 qm großen Produktionshalle in Linx. Bis zur Fertigstellung ging die Arbeit in der alten Halle ohne Unterbrechung weiter, denn die Nachfrage nach Weber-Häusern war sprunghaft angestiegen. Über 150 Häuser produzierte man jetzt bereits im Jahr.

An Hans Webers 37. Geburtstag, am 28. September 1973, konnte eine weitere Werkshalle von 6.500 qm in Betrieb genommen werden, in der sich täglich zwei komplette Häuser fertigstellen ließen.

Dabei half die Einführung des Zwei-Schichten-Systems, mit dem die Anlagen besser ausgenutzt und das Doppelte an Kapazität herausgeholt werden konnte. Es hat sich bis heute bewährt.

Mit den neuen Hallen hielt 1972/73 auch die industrielle Fertigung Einzug. WeberHaus bekam die ersten Anlagen für eine maschinelle Produktion. Angesichts der großen Zahl der bereits gebauten Häuser kaum zu glauben, dass bis zu diesem Zeitpunkt die Hauswände in Handarbeit auf gewöhnlichen Holztischen „Marke Eigenbau" hergestellt worden waren.

Die intensive Betreuung der Weber-Bauherren erforderte auch den Neubau eines Verwaltungsgebäudes, natürlich in typischer Weber-Bauweise. Am 22. Juli 1972 wurde das Bürogebäude eröffnet, das in den folgenden Jahren ständig erweitert werden musste. Von ihrem Wohnhaus inmitten des Betriebsgeländes hatten die Webers nun alles

Das neue Werk in Wenden 1978

Der Büroneubau in Linx

im Blick. Man sah, wer kam und wer ging und was sich sonst rund um die Firma alles abspielte. Um es vorwegzunehmen: Diesen Trubel erlebte die Familie bis 1980 hautnah mit, bevor sie in ein neues Wohnhaus 100 Meter weiter zog.

1975 war es wieder so weit, und das nächste Jubiläum wurde gefeiert. Es gab viele gute Gründe, sich gemeinsam über 15 Jahre WeberHaus zu freuen: 28 Haustypen von 65 bis zu 230 qm Größe in der Preisspanne von 78.000 bis 200.000 DM waren im Angebot, der Lieferradius erstreckte sich auf 450 km. Während steigende Arbeitslosenzahlen und das Gespenst des Terrorismus die Stimmung in der Republik dämpften, verzeichnete WeberHaus die schönste Erfolgsmeldung: 1975 wurde ein Umsatzplus von 60 Prozent erreicht. Bei so viel Wachstum war wieder einmal ein Anbau fürs Büro fällig: Eine Kantine wurde eröffnet.

1978 überschritt WeberHaus die magische Grenze von 100 Millionen DM Umsatz. Um auch für Kunden im norddeutschen Raum präsenter zu sein und weitere Produktionskapazitäten zu schaffen, hatte die Firmenleitung schon seit dem Erfolgsjahr 1975 über den Bau eines zweiten Werkes in Nordrhein-Westfalen nachgedacht. Die Überlegung bedurfte ein paar Jahre der Reifung und nahm dann 1978 in Wenden-Hünsborn Gestalt an. Direkt an der Sauerland-Linie zwischen Olpe und Siegen wurde auf einem Areal von 55.000 qm ein modernes Werk errichtet. Bei der offiziellen Einweihungsfeier am 10. Juni freute sich die Region über 300 neue Arbeitsplätze, die die nach modernsten technischen Erkenntnissen konzipierte Produktionsstätte in ihrer Endstufe bot.

Auch angesichts der angepeilten Kapazität von 400 Häusern jährlich kam viel Freude auf. Für 1979 wurde zunächst ein Soll von 180 Häusern geplant, wobei „Entwicklungshelfer“ aus Linx mit ihrem Know-how den Start begleiteten. Übrigens mochte Hans Weber es gar nicht gern, wenn das Werk Wenden-Hünsborn als Zweigwerk oder zweites Werk bezeichnet wurde. In einer Rede an die Mitarbeiter korrigierte der Chef: „Es muss einfach heißen ‚unser Werk im Sauerland‘, denn es ist ein völlig selbständig und unabhängig arbeitendes Werk.“ Eventuelle Rivalitäten zwischen den beiden Produktionsstätten wurden so im Keim erstickt. Das wäre auch dem ausgeprägten Fairnessempfinden von Hans Weber zuwidergelaufen. In derselben Rede formulierte er als Bitte an die Linxer Mitarbeiter: Fehler, die im Wendener Werk passierten, sollten von den Hiesigen, die schon lange im Geschäft seien, nicht hochgespielt werden. Dies sei der falsche Weg. „Wir sollten den Leuten, die dort ihr Bestes geben, helfen und sie nicht schlecht machen.“

Gegen Ende der 70er Jahre zog die Konjunktur wieder an. Endlich! Nach der langen Durststrecke im deutschen Baugewerbe hellte sich der Auftragshimmel wieder auf. Sogar so erfreulich, dass bei WeberHaus regelrecht Lieferengpässe entstanden.

Bis 1979 waren Lehrlinge bei Weber in der üblichen Form ausgebildet worden. Seit dem 14. Juni des Jahres gab es eine offizielle Lehrlingswerkstatt in Linx. Diese wurde mit einem „Tag der offenen Tür“ und einer Tonbildschau angemessen „kommuniziert“, würde man heute in schönstem Marketingdeutsch sagen. Apropos Kommunikation: Bis in die 70er Jahre lief das Geschäft ohnehin über Mund-zu-Mund-Propaganda, ein Marketingkonzept im eigentlichen Sinne gab es noch nicht. Das änderte sich jetzt. Teamsitzungen wurden anberaumt mit dem Ziel, strategische Planungen vorzunehmen. Der Werbeetat belief sich 1979 schon auf stolze zwei Millionen DM, 190.000 DM entnahm WeberHaus diesem Etat und investierte die Summe in den Hauptpreis eines Jubiläumspreisausschreibens zum 20-jährigen Bestehen der Firma im Frühjahr 1980. Der Wettbewerb hatte das Ziel, den Wahrnehmungsgrad des Unternehmens zu erhöhen, und sah als 1. Preis ein komplettes Weber-Haus vor.

Nachdem Hans Weber sich aus dem Tagesgeschäft auf den Baustellen etwas zurückziehen konnte, konzentrierte er sich auf die Gewinnung von Kunden. Als die Zahl der verkauften Häuser Mitte des Jahrzehnts in die Hunderte ging, reagierte der Unternehmer kauf-

Die alte Turnhalle, Keimzelle des Unternehmens, wird zur Lehrlingswerkstatt

Die Treppe im neuen Verwaltungsgebäude ist ein Beispiel für die Zimmermannskunst

männisch klug und delegierte wichtige Führungsfunktionen. Hans Weber stellte einen Verkaufsleiter, einen technischen und einen kaufmännischen Leiter ein. Er hatte keine Probleme damit, wichtige Aufgaben abzugeben. Wo andere zu lange zögerten und am Ende nicht über ihren Schatten springen konnten, handelte er sozusagen im guten Einvernehmen mit sich selbst. So erklärte der Geschäftsbericht von Weihnachten 1979 konsequent, man sei zwar ein Familienbetrieb und wolle es auch bleiben, die Organisation müsse jedoch den ständig steigenden Aufgaben angepasst werden. Weiter heißt es dann lapidar: „Als ersten Schritt für die Zukunft wird mit Wirkung vom 1. Januar 1980 Herr Meyers als Geschäftsführer bestellt.“ Verantwortung delegieren – nicht jeder Chef kann das. Hans Weber schon.

Einem frisch eingestellten kaufmännischen Leiter verdankten Chef und Chefin eine revolutionäre Neuerung der ganz besonderen Art: „Sie müssen mal in Urlaub gehen“, schlug Jens Thuys vor. Auf diese Idee war Hans Weber in den letzten zehn Jahren, trotz allen Ideenreichtums, noch nicht gekommen. Herr Thuys war ein Mann der Tat. Beherzt buchte er ein Hotel in seiner holländischen Heimat direkt am Meer, und so fuhren die Webers mit der heranwachsenden Tochter zum ersten Mal in Urlaub.

Es war ja gut gemeint, doch Hans Weber hatte keine ruhige Minute. „Wie schaltet man eigentlich ab“, fragte sich der Vielbeschäftigte und empfand den Aufenthalt eher nervenaufreibend als erholsam. „Ich fand keine innere Ruhe. Immer dachte ich, ich muss hier und dort sein. Man musste das Abschalten regelrecht lernen.“ Heute allerdings kann er es. So war Hans Weber froh, als er nach angespannten acht Tagen „Urlaubsruhe“ endlich wieder zur Arbeit in Linx erscheinen konnte und der Geschäftsalltag wieder in sein Leben einkehrte.

Auch die technischen Entwicklungen rund um das Haus schritten voran. Natürlich unterlag nicht alles dem Delegationsprinzip. So wurde der Bereich Treppenbau, schon immer ein Steckenpferd von Hans Weber, zur Chefsache erklärt. Bisher erfolgte der Einbau der Treppe, wenn der Rohbau stand. Nun hieß es: „Leute, wir machen das anders!“ Die Treppe wurde im Werk gefertigt, zusammengebaut und dann gut verpackt ins Haus mitgenommen. Vom Ablauf her war das ein Novum, das sich allerdings bewährte. Denn nun mussten die Mitarbeiter im Rohbau nicht mehr auf der Leiter nach oben klettern.

Auch die Entwicklung der fertigen Dachelemente wurde von WeberHaus eingeführt. Obwohl der Fertigbau in Deutschland schon eine Weile existierte, hatte es zuvor noch keine fertigen Dachelemente gegeben. Bei WeberHaus dachte man immer wieder über das Problem des Hineinregnens in das unbedachte Haus nach, bis man in den 70er Jahren auf die Lösung kam. Zugegeben, man fuhr mit den fertigen Dachelementen beim Transport sicher viel Luft durch die Gegend, aber man hatte das Dach „in einem Rutsch" zu. Entweder wurde mit Folie gearbeitet, die Staub, Dreck oder Schnee abhalten sollte, bevor die Dachlatten aufgebracht waren, oder es war gleich eine Holzschalung vorhanden. WeberHaus bot beide Varianten an – damals eine Revolution. Dank dieser Neuentwicklung war das Haus nun in einem Tag regen- und sturmsicher; eine große Beruhigung für den Bauherrn.

Zum Thema Fenster, die im Hinblick auf die Wärmedämmung ein sensibler Punkt des Hauses sind, wurden jährliche „Fenster-Meetings" mit den Lieferanten abgehalten. Hier erörterte man Neuerungen bei den Beschlägen ebenso wie die Frage, welcher Fenstertyp wohl „der Mercedes" unter den gängigen Modellen sei. Auch in diesem Bereich war Hans Weber immer ein überzeugter Holzverbauer. Wenn der Kunde es allerdings wünschte, lieferte die Firma auch Kunststofffenster. Als das Optimale wird heute aber das Holz-Alu-Fenster propagiert, das außen mit Aluminium verkleidet ist.

Bedeutend verbessert hat sich in diesen Jahren die Technik bei der Trittschallisolierung. WeberHaus entwickelte ein System, das den Schall „wegnimmt". Auf eine Holzbalkendecke legte man 5 cm starke Betonplatten, darauf kamen die Isolierung und der Zement-Estrich. Ein enormer Aufwand, der sich aber lohnte. Die so ausgestatteten Fertighäuser hatten inzwischen einen Schallwert, der von dem eines herkömmlichen Hauses nicht mehr zu unterscheiden war. Ab 1976 wurden die Innenwände der Weber-Häuser zusätzlich mit Mineralwolle gegen Schall isoliert.

Neue Technologien hielten nicht nur in der Fertigung Einzug, sondern auch in der Verwaltung, wo die erste Computergeneration, eine Olivetti-Buchungsmaschine, Anfang 1979 die Weber-Welt modernisierte. Schon damals, als das Unternehmen in Sachen EDV noch in den Anfängen steckte, bewies Hans Weber auch auf diesem Gebiet unternehmerische Weitsicht: „Das ist die Zukunft. Jede Abteilung muss verantwortlich mit der EDV umgehen lernen. Eventuell müssen da oder dort Mitarbeiter einen Kurs besuchen." Immerhin gab auch Hans Weber in einer internen Mitteilung vom 9. Januar 1979 zu: „Eine gewisse Angst vor dem Instrument", gemeint war die EDV, „ist berechtigt!"

3. Die Ausstellungshäuser

Kunden, die sich für ein Bauvorhaben interessierten, konnten Zeichnungen, Pläne und Fotos gezeigt werden. Zudem konnte man sie von der Qualität und Wärmedämmung, Wohnlichkeit und Lebensdauer von Holzhäusern überzeugen, aber ein Produkt zum Anfassen und zum Hinschauen war das Fertighaus erst nach dem Verkauf, wenn es aufgebaut an Ort und Stelle stand. Vor allem für die Verkäufer war das ein Problem. Sie mussten etwas an den Mann und die Frau bringen, was es noch gar nicht gab. Wer kauft schon gerne die sprichwörtliche Katze im Sack, besonders wenn es um so große Investitionen, wie die in ein eigenes Heim, geht? Irgendetwas fehlte da noch: die Ausstellungshäuser!

1972 wurde in Fellbach bei Stuttgart die erste Fertighaus-Ausstellung in Deutschland aufgebaut. Ottmar Strebel, Inhaber der Fachzeitschrift „bauen + Fertighaus", entwickelte die Idee, neben seinem Verlag eine ständige Ausstellung zu kreieren, die aus mehreren Fertighäusern unterschiedlicher Hersteller bestehen sollte. Ausstellungen dazu hatte es schon früher gegeben. Ein Novum war aber, dass die Häuser stehen bleiben sollten, damit bauwillige Interessenten sich diese Häuser jederzeit anschauen konnten.

Ottmar Strebel fand den Weg zu Hans Weber. Eines schönen Tages saß er im Wohnzimmer des Linxer Unternehmers und warb für

Publikumslieblinge der 70er Jahre – das Modell 204 (oben) und das Winkelhaus 601

seine Idee: „Mensch, machen Sie doch mit!" Die Vorstellung, Häuser zu bauen, die nur zum Anschauen, nicht aber für den Verkauf bestimmt waren, schien zunächst gewöhnungsbedürftig. Es galt vor allem abzuwägen, inwiefern ein Ausstellungshaus die Vielfalt der Möglichkeiten bei WeberHaus überhaupt aufzeigen konnte. Schließlich baute die Firma individuelle Häuser, die sich in Ausführung und Ausstattung an den Vorstellungen des Bauherrn orientierten. Der Firmenchef sagte trotzdem zu, probieren könne man es ja. Sich dann auf einen Entwurf festzulegen, der möglichst viele Kunden ansprechen sollte, war nicht einfach. Wenn das Unternehmen dem Bauherrn etwas präsentierte, ihm aber gleichzeitig sagte, dass alles auch ganz anders gebaut werden könne – das überforderte womöglich. Hans Weber erkannte das Problem: „Der Bauherr will möglichst alles vor sich sehen. Sich die Räumlichkeiten nur vorzustellen, das geht schlecht. Ihm in diesem Fall immer das Richtige zu zeigen, ist schwierig."

Gleichzeitig boten sich hier aber auch Chancen. Gemeinsam mit dem Haus-Architekten Helmut Bucherer entwickelte der Firmenchef schließlich ein Konzept, mit dem viele Volltreffer erzielt werden konnten. Passend zum neuen Ausstellungshaus wurde auch gleich ein tüchtiger neuer Verkäufer gesucht. Freihart Kercher wurde eingestellt, ein Mann aus der Stuttgarter Gegend – und er verkaufte ausgezeichnet.

Die ersten Ausstellungshäuser in Linx 1974

Herr Kercher wiederum empfahl Horst Schmid, der nach Linx kam und den Verkauf für das hiesige Ausstellungshaus, das bereits 1970 aufgebaut worden war, übernahm. Und in dieser Art ging es weiter...

Auch Ottmar Strebel verfolgte den eingeschlagenen Weg konsequent weiter und eröffnete 1974 eine weitere Ausstellung in Wuppertal. Und WeberHaus beteiligte sich ebenfalls mit Erfolg. Zu einer Zeit, als die deutsche Wirtschaft sich in einer Talsohle befand und die Baukapazität gegenüber 1973 um etwa 20 Prozent geschrumpft war, richtete WeberHaus unverdrossen neue Fertighauszentren ein: 1975 wurden in Linx vier Ausstellungshäuser eröffnet, Ende April 1978 folgten fünf weitere im WeberHaus-Musterzentrum in Wenden-Hünsborn.

Bei weiter steigender Nachfrage entstanden im Südwesten der Republik zusätzliche WeberHaus-Zentren, um dem Wunsch nach Kundennähe entgegen zu kommen. Bis der WeberHaus-Prospekt zum 20-jährigen Firmenjubiläum in Druck ging, hatte das Unternehmen eine Vertriebsorganisation mit insgesamt 14 Ausstellungshaus-Zentren aufgebaut, in denen 50 Ausstellungshäuser besichtigt werden konnten.

4. Weber hat den Bogen raus: Erfolgsmodelle

Viele Entwürfe aus dem Hause Weber sind Erfolgsmodelle geworden. Spitzenreiter, die als Top-Seller und auch als designerisches Highlight der 70er Jahre Furore machten, waren vor allem vier Entwürfe, die in den Jahren 1975 bis 1978 entwickelt wurden: Der Haustyp 200/V mit klassischem Grundriss, der Winkelbungalow 632/S sowie die Modelle 300/V und 301/V wurden sensationelle Erfolge.

Mit dem Typ Nr. 204 – der Entwurf bot ein Haus von 104,44 qm Wohnfläche mit klassischer Aufteilung – hatte der damalige Verkäufer und heutige Geschäftsführer Peter Liehner ein echtes Aha-Erlebnis: „Ich befand mich auf einem Außentermin und sah in einer Straße gleich viermal das gleiche Weber-Haus. Das kann doch nicht die berühmte Weber-Flexibilität sein!“ Der ins Grübeln gekommene Verkäufer schaute am nächsten Tag im Büro in die Unterlagen und musste feststellen, dass er dieses Haus nicht weniger als 149 Mal verkauft hatte. Offensichtlich handelte es sich um einen Entwurf, der den Zeitgeschmack erfasst hatte. Auch das Modell 400 traf ins Schwarze: Im Dezember 1975 erhielt WeberHaus für diesen Typ zum zweiten Mal den Titel „Haus des Monats“, den die Fachzeitschrift „bauen + Fertighaus“ vergab.

Ein echter Coup in diesem Jahr war die Erfindung des „Weber-Bogens“, der für lange Zeit das Erkennungszeichen der Weber-Häuser werden sollte. Ein neuer Haustyp mit einer Wand als Windschutz

Der Entwurf 632/S mit dem typisch asymmetrischen Weber-Bogen

Das Twenty-five wurde ein Erfolgsmodell

für die Terrasse war kreiert worden. „Mach' doch einen Bogen hinein, dann sieht es gleich viel transparenter aus", schlug Hans Weber dem Haus-Architekten Helmut Bucherer vor. Bucherer brachte noch mehr Spannung ins Spiel und konzipierte einen asymmetrischen Bogen für das Erfolgsmodell des Weber-Bungalows 632 S. Dazu gab es den Werbeslogan: „Weber hat den Bogen raus!" Der Spruch war gut, die Idee kam an. Das Haus mit dem interessanten architektonischen Akzent konnte tausendfach verkauft werden.

Die 80er Jahre

1980	13.01.	Die Bundespartei „Die Grünen“ konstituiert sich auf ihrem Kongress in Karlsruhe
	14.04.	Oscar für den Schlöndorff-Film „Die Blechtrommel“ nach einem Roman von Günter Grass
	03.05.	Rund 5.000 Atomkraftgegner errichten ein Runddorf bei Gorleben
1981	28.02.	Massendemonstration gegen den Weiterbau des Atomkraftwerks in Brokdorf
	28.06.	Götz George löst als Kommissar Schimanski seinen ersten Fall im „Tatort“
	18.09.	Kinostart des bisher teuersten deutschen Films „Das Boot“
1982	08.02.	Skandal um den DGB-nahen Baukonzern „Neue Heimat“
	17.09.	Ende der sozialliberalen Koalition; Helmut Kohl wird am 1. Oktober Bundeskanzler
1983	25.04.	Presse-Skandal um angebliche Tagebücher Adolf Hitlers
	22.10.	Hunderttausende demonstrieren im Bonner Hofgarten für Frieden und Abrüstung und gegen den NATO-Doppelbeschluss
1984	01./06.07.	Der Arbeitskampf der Metall- und Druckindustrie um die 35-Stunden-Woche endet mit dem 38,5 Stunden-Kompromiss
	14.12.	In Prag beginnen in der deutschen Botschaft 40 von 68 DDR-Flüchtlingen einen Hungerstreik, um ihren Forderungen nach Ausreise in die Bundesrepublik Nachdruck zu verleihen
1985	11.03.	In Moskau beginnt die Ära Gorbatschow
	16.10.	Erstmals wird mit Joschka Fischer ein „Grüner“ Minister
1986	26.04.	Reaktorunfall in Tschernobyl
	06.05.	Kulturabkommen beider deutscher Staaten nach 12-jährigen Verhandlungen unterzeichnet
1987	29.01.	Weltweit beachtete Rede Gorbatschows bekräftigt Reformkurs und Willen zu „Perestroika“ (Umgestaltung) und „Glasnost“ (Öffentlichkeit)
1988	23.07.	Mit Radio Dreyeckland wird in Freiburg im Breisgau das erste deutsche freie Radio legalisiert
	20.08.	Ende des Golfkriegs zwischen Iran und Irak
1989	12.06.	Mit Gorbi, Gorbi-Rufen wird der sowjetische Staatschef Michail Gorbatschow in Deutschland empfangen
	11.09.	Ungarn öffnet seine Grenze nach Österreich für DDR-Ausreisewillige
	09./10.11.	Fall der Mauer und Öffnung der innerdeutschen Grenze
	01./03.12.	Ende der SED und des Politbüros

Die 80er Jahre: Die Herausforderung der Energiefrage

Die Erfahrungen der Ölpreiskrise in den 70er Jahren, des Smogalarms in deutschen Großstädten und die sichtbar gewordenen Umweltschäden, zum Beispiel durch Chemieunfälle wie jener bei Sandoz in Basel, förderten in starkem Maße alternative Lebensentwürfe. Ein neues Bewusstsein entstand: Engagierte Bürger arbeiteten in der Umweltbewegung mit und legten auch im privaten Bereich Wert auf ökologisch einwandfreie Lebensformen, Materialien und Lebensmittel.

Mit der „Öko-Welle" setzte Anfang der 80er Jahre im Bauwesen ein Trend zum Holzhaus ein. Als positiv wurden – und werden heute wieder – besonders die Natürlichkeit und damit die Nachhaltigkeit des Baustoffes Holz sowie seine Wohnlichkeit geschätzt. Wissenschaftliche Forschungsergebnisse bestätigen, was Hans Weber immer schon wusste: Holzhäuser sind Energieeinsparer erster Güte, weil das Material unter den konstruktiven Baustoffen der beste Wärmedämmer ist und sich in einem Holzrahmen-, Holztafel- oder Holzskelettbau Wärmedämmung bestens unterbringen lässt.

1. Vom tollen Start zum Konjunkturknick und wieder aufwärts

WeberHaus startete mit Bravour ins neue Jahrzehnt. Mit einem hohen Auftragsbestand ging man ins Rekordjahr 1980, in dem zum ersten Mal über 1.000 Häuser gebaut wurden. „Jetzt nur nicht übermütig werden", warnte Hans Weber seine Belegschaft in einer Rede, denn die Devise für die kommenden Jahre müsse heißen: „Arbeiten, arbeiten, arbeiten ..." Ob der Chef schon ahnte, dass es bald einen empfindlichen Konjunktureinbruch und Verkaufsrückgang auch in seinem Hause geben würde? Bis dahin sollte noch eine Menge auf die Beine gestellt und 11,4 Millionen DM für Investitionen in die Zukunft locker gemacht werden.

Im Jahr des 20-jährigen Bestehens der Firma war es wieder einmal zu eng geworden – ein Zustand, der bei WeberHaus alle paar Jahre zu beklagen war. Doch besser so, als sich zwangsweise verkleinern zu müssen. WeberHaus kaufte einen Hektar Ackerland und erweiterte die Halle in Linx um 7.500 qm. Den damaligen Werbeslogan „Der kluge Mann baut vor“ beherzigte man auch selbst, und so wurde angesichts des riesigen Auftragsbestands von 1.320 Häusern im Jahre 1981 die Produktion in Linx von 17 auf 18 Häuser und in Wenden von 5 auf 6 Häuser wöchentlich gesteigert. Eines zieht das andere nach sich: Wegen der Größe der neuen Halle wurde vom Landratsamt die Aufstellung einer 18 Mann starken Werksfeuerwehr zur Auflage gemacht. Und so begann auch der Bau eines Hauses für die Feuerwehrgeräte.

Die WeberHaus-Musikanten unter der Leitung von Heinz Koschil

Nicht nur das, denn wo mehr produziert wird, muss auch mehr verwaltet werden, und so wurde das Verwaltungsgebäude im Werk Wenden-Hünsborn aufgestockt. Bei so viel Trubel sehnten sich die Webers privat wieder nach etwas mehr Ruhe abseits des Linxer Betriebsgeländes. Zur Abwechslung baute Hans Weber also ein neues Haus für den eigenen Bedarf, in das er mit seiner Familie 1980 einziehen konnte. Das neue Domizil spiegelte den Zeitgeschmack so überzeugend wider, dass die Zeitschrift „bauen + Fertighaus" in einer reich bebilderten Reportage unter dem Titel „Alle Register gezogen" über das Vorzeige-Objekt berichtete. Rückblickend war diese Zeit für Hans Weber „der absolute Höhepunkt meiner Unternehmerkarriere". Die entsprechende Bestätigung bekam er sogar vom Verkaufsleiter des Mitbewerbers OKAL: „Jetzt seid ihr Marktführer!"

Ein guter Werbeträger sollte auch die Weber-Betriebskapelle werden. Mit Unterstützung des Firmenchefs wurde zunächst ein 18 Mann starkes Orchester gebildet, das nach ersten Proben unter dem damaligen Dirigenten Hermann Kehret auf der Betriebsversammlung zu Weihnachten 1981 Premiere feierte. Die „WeberHaus-Musikanten" übernahmen die musikalische Umrahmung bei vielen feierlichen Anlässen wie der jährlichen Lossprechungsfeier der Handwerker-Innung Kehl, den Betriebsversammlungen und Jubiläumsveranstaltungen. Wenn die zeitweise 40 Mann starke Truppe in ihren Uniformen auftrat, schwang auch die Weber'sche Philosophie mit: Freude an der Sache haben und diese Freude auch an andere weitergeben. Zudem förderte die Betriebskapelle den Teamgeist und zeugte von der guten Betriebsatmosphäre.

Über 20 Jahre war es mit den Umsatzzahlen steil bergauf gegangen, aber seit 1981/82 spürte man auf dem deutschen Baumarkt eine merkliche Zurückhaltung infolge der allgemein schlechten Konjunktur und einer gewissen Sättigung. Die Nachfrage ließ nach und sollte erst wieder mit der Wende 1989/90 steigen. Diese Situation führte auf dem Baumarkt zu einem teilweise ruinösen Wettbewerb, Hersteller unterboten sich gegenseitig auf der Jagd nach Kunden. Doch die Zahl der gewonnenen Aufträge täuschte oft über die raue Wirklichkeit hinweg: Der bauwillige Interessent von heute konnte schon morgen ein arbeitsloses Opfer der Konjunkturflaute sein und das georderte Haus wieder abbestellen oder seinen Zahlungsverpflichtungen nicht nachkommen. Auch WeberHaus hatte in diesen Jahren verstärkt mit solchen Fällen zu kämpfen.

Nur kurz währte daher die Freude, dass im eigenen Unternehmen Vollbeschäftigung herrschte und mehrere große Einzelaufträge an Land gezogen werden konnten, wie zum Beispiel der Bau der Hölzelhalle, einer Mehrzweckhalle in Linx. Doch im Dezember 1982 musste auch bei WeberHaus die Produktion gedrosselt werden und Hans Weber schweren Herzens Leute entlassen. Mit der gleichen Mannschaft weiterzumachen wie bisher, wäre „für das Unternehmen tödlich" gewesen, begründete der Chef seinen Schritt. Zunächst war Kurzarbeit erwogen worden, wegen der Unüberschaubarkeit der wirt-

Die Hölzelhalle wurde 2006 von der Stadt Rheinau in Hans-Weber-Halle umbenannt

schaftlichen Lage hatte man diesen Plan aber wieder verworfen. Trotz des zurückgegangenen Auftragsvolumens beschäftigte WeberHaus in beiden Werken zusammen immer noch 960 Menschen.

Auf der einen Seite reduzieren, auf der anderen Seite investieren: In Nürnberg, Rheda-Wiedenbrück, Großburgwedel bei Hannover und Bad Vilbel bei Frankfurt/M. wurden neue Ausstellungshauszentren eröffnet und 14 ältere Häuser gegen neue, modernere Entwürfe ausgetauscht. Das zeigt deutlich, dass bei WeberHaus niemand den Kopf in den Sand steckte, sondern dass bei aller Sorge um die jetzige Situation optimistisch in die Zukunft geblickt wurde. Wenn man nur der sprichwörtlichen Weber-Qualität treu bliebe und den Kunden damit gewinnen könnte, würde der Aufschwung schon wieder gelingen!

Immerhin hatte sich der Fertighausbau in der Region Anfang der 80er Jahre einen Marktanteil von 14 Prozent im Ein- und Zweifamilienhausbau erobert. Das war ausbaufähig, wenn man die Anforderungen der Kunden an energiesparende Bauweisen ernst nähme und die eigene Produktpalette weiter darauf ausrichtete.

Seit dem 1. Oktober 1982 bot das Unternehmen interessierten Bauherren eine Reihe von Verbesserungen, vor allem die um 75 Prozent erhöhte Wärmedämmung der Außenwand, die nun 22 cm statt wie bisher 16,5 cm dick war. Mit dieser ab sofort als Weber-Standard im Festpreis enthaltenen Außenwand konnte die zum 1.1.1984 novellierte Wärmeschutzverordnung der Bundesregierung um ein Vielfaches übertroffen werden. Außerdem gewährte das Unternehmen seinen Kunden jetzt drei statt bisher zwei Jahre kostenlosen Kundendienst sowie eine Erweiterung der Garantie für tragende Bauteile von fünf auf zehn Jahre.

Investitionen gab es auch in neue Technologien: So wurde 1984 eine elektronisch gesteuerte Anlage für die Herstellung der großflächigen Deckenelemente installiert, gewaltige Automatisierungsmaßnahmen gab es im Treppenbau und eine komplett neue EDV-Organisation wurde durch den Softwarehersteller SAP eingerichtet.

Hoffnungen setzte die Branche in die Wohnbauförderung der neuen Regierung Kohl, die am 1. Oktober 1982 an die Macht kam.

Allerdings verzichtete Hans Weber grundsätzlich auf jegliches Politisieren. Bei diesem Regierungswechsel hatte er sich über „die da oben" jedoch geärgert, und seinem Ärger machte er jetzt einmal Luft. In einer Ansprache zur Betriebsversammlung im Dezember 1982 prangerte er die enorme Staatsverschuldung von 500 Milliarden DM an, die von der sozialliberalen Koalition unter Helmut Schmidt hinterlassen worden sei. „Manchmal könnte man den Eindruck haben, die wissen überhaupt nicht, was eine Milliarde ist", schimpfte er und rechnete vor, dass ein Mensch 9.615 Jahre wöchentlich 1 Million DM im Lotto gewinnen müsste, um diese 500 Milliarden abzutragen.

Dennoch gewann die Konjunktur wieder an Fahrt. Mit viel Einsatz und Innovationen förderte WeberHaus das Interesse am Bauen. Im Januar 1985 wurde in Linx das großzügig angelegte und für Deutschland einmalige Bauherren-Zentrum eröffnet. Hier konnten sich die zukünftigen Bauherren von geschulten Einrichtungsberatern ausführlich über Häuser und deren Ausstattung beraten lassen. Die Einweihung des nordrhein-westfälischen Bauherren-Zentrums im Werk Wenden-Hünsborn auf 880 qm fand im September 1987 statt.

Was hingegen den Gesamtbaumarkt betraf, sah man in Linx die Zukunft nicht so rosig. Noch 1986 schätzte Hans Weber, dass sich der Einfamilienhaus-Sektor auf eine Schrumpfung von über 50 Prozent einstellen müsste. Die Wende war noch nicht in Sicht und über den Preis verkaufte WeberHaus nicht. Aus dem „mörderischen Preisharakiri" um mögliche Bauinteressenten hielt WeberHaus sich grundsätzlich heraus – frei nach dem Motto: „Wir bieten eine ehrliche Leistung, die honoriert werden muss."

1987 war endlich wieder Gelegenheit, eine erfreuliche Bilanz zu ziehen: Das 10.000. Weber-Haus wurde ausgeliefert. 10.000 Weber-Häuser in 27 Jahren – das bedeutete auch eine gewaltige Bewegung an Menschen und Materialien. Hans Weber überschlug, was in dieser Zeit alles verbaut worden war: 300.000 Kubikmeter hochwertiges Holz, 20 Millionen Dachziegel und 120.000 Fenster hatten ihre Bestimmung gefunden, transportiert auf einer der 40.000 Lkw-Fuhren zu Einsatzorten, wo insgesamt rund 40.000 Menschen ein neues Zuhause erhalten hatten.

1989 konnten erstmals seit dem Flautejahr 1983 wieder über 1.000 Häuser verkauft werden. Nach dem Zahlenspiegel 2/88 von „Das Hausbau-Magazin: bauen + Fertighaus“ lag WeberHaus mit 185 Millionen DM Umsatz an der Spitze der Branche und konnte sich „Deutschlands größtes Bauunternehmen für Ein- und Zweifamilienhäuser“ nennen. Rund 30 Jahre nach seiner Gründung war WeberHaus mit 960 Mitarbeitern und 220 Millionen DM Jahresumsatz auch im darauf folgenden Jahr Marktführer der Branche.

Zu den normalen Aufträgen für Privathäuser und Objektbauten gesellten sich hin und wieder auch Aufträge der besonderen Art. Als solcher kann zweifellos der Auftrag für den Glockenstuhl der Frankfurter Paulskirche gelten, den die Weber'sche Zimmerer-Ausbildungs-

Das 10.000. Weber-Haus

werkstatt 1987 ausführte. Er bestand aus 26 x 26 cm und 26 x 36 cm starken Eichenbalken, für deren Herstellung 15 Kubikmeter Holz bearbeitet werden mussten. Ein wahres Nostalgiestück für Hans Weber, wurde doch der Glockenstuhl nach alter Zimmermannstradition verzapft und mit 98 Holznägeln aus Akazienholz zusammen gehalten. Lange Zeit war es nämlich üblich, derartige Glockenstühle aus Stahl zu bauen. Wegen der Klangreinheit griff man jetzt wieder auf das bewährte Holz zurück. Die sechs Glocken, die das fertige Objekt aufnahm, wogen zusammen immerhin sechs Tonnen.

2. Neue Wohnkonzepte

„Erlaubt ist, was gefällt" – dieser Leitspruch kennzeichnete die 80er Jahre in besonderem Maße. Der Mix an Stilrichtungen trat vor allem in der Mode und in der Kunst zutage. Viele machten „ihr eigenes

Der Klassiker: das Twenty-five 1975

Das Diamant-Haus – Weber setzt neue Maßstäbe im Hausbau

Ding" und verwirklichten persönliche Lebensvorstellungen. Die Individualisierung unserer Lebenswege und die Pluralisierung der Lebensstile machten auch vor der Baubranche nicht Halt. Der Bauinteressent verlangte zunehmend ein individuell geplantes Haus, Typenhäuser aus der Schublade waren nicht mehr das Thema. Die Mitte der 80er Jahre eingeführten Hausprogramme stellten eine völlig neue Produktgeneration dar.

Es war seit jeher eine Tradition bei WeberHaus, sich und die Kunden zu jedem Jubiläum mit einem neuen Haus zu beschenken. Eine „tolle Nummer" und ein Top-Seller dieser Jubiläumsreihe war der Entwurf „Twenty-five" zum 25-jährigen Jubiläum von WeberHaus im Jahr 1985. Mit fortschrittlicher Architektur und unkonventionellen, über Eck gehenden Grundrisslösungen präsentierte das Unternehmen ein neues Hauskonzept für modernes Bauen und Wohnen. Hier ließen sich Wände nicht nur im rechten Winkel, sondern auch im

Winkel von 45 Grad oder – je nach Perspektive – auch 135 Grad aufstellen. Die Häuser dieser Baureihe waren schick, anders, variabel, nach Wunsch und Vorliebe planbar und deshalb für viele Bauherren attraktiv. „Twenty-five“ hat durch seine Vielseitigkeit alle Trends überlebt und gilt noch nach mehr als 25 Jahren als Klassiker im Weber-Programm.

Sehr gut angenommen wurde auch die „Excellent“-Baureihe. Das Haus mit dem Erker im Esszimmer und der an den Erkerverlauf anschließenden überdachten Terrasse präsentierte die Zeitschrift „bauen + Fertighaus“ 1984 (Ausgabe 5/6) ihren Lesern auf sieben Seiten als Musterbeispiel für zeitgemäßes und vorbildliches Wohnen. Mit dem neuen Ausstellungshaus „Diamant“ von 1986, der ersten Luxusvilla in Fertigbauweise, sprach man Bauherren an, die ab 600.000 DM aufwärts für den Bau ihres Hauses auszugeben bereit

Der Hausentwurf Excellent

waren. Mit allen Details, inklusive Vollunterkellerung, lag das Objekt bei 1.280.000 DM. Wer sich diese „Kleinigkeit" leisten konnte, erhielt ein Märchenschloss mit Rundbögen, luftigem Säulengang und herrschaftlich anmutenden Steinsäulen an den Terrassenarkaden. Für die Firma fungierte „Diamant" als Imageträger. Damit ließ sich überzeugend darstellen, was mit der Fertighaustechnologie alles möglich war.

Die 90er Jahre

1990	10.02.	Treffen Helmut Kohl/Michail Gorbatschow: Moskau macht den Weg frei für die deutsche Wiedervereinigung
	08.07.	Deutschland wird zum dritten Mal Fußballweltmeister
	03.10.	Die DDR tritt der Bundesrepublik bei. Das vereinte Deutschland erhält volle Souveränität
1991	20.06.	Der Bundestag beschließt den Regierungsumzug von Bonn nach Berlin.
	21.09.	Die UdSSR zerfällt, die Gemeinschaft Unabhängiger Staaten (GUS) entsteht
1992	07.02.	Der Vertrag über die Europäische Union wird von den Außen- und Finanzministern der Mitgliedstaaten in Maastricht unterzeichnet
	08.11.	Unter dem Motto „Die Würde des Menschen ist unantastbar" protestieren in Berlin 350.000 Menschen gegen zunehmende Ausländerfeindlichkeit in Deutschland
1993	20.01.	Der Demokrat William Jefferson „Bill" Clinton wird in Washington als 42. Präsident der Vereinigten Staaten von Amerika vereidigt
	10.12.	Nelson Mandela und der südafrikanische Präsident Willem de Klerk werden für die friedliche Beendigung des Apartheid-Regimes mit dem Friedensnobelpreis ausgezeichnet
1994	31.08.	Die letzten russischen Soldaten nehmen Abschied von Deutschland
	13.11.	Michael Schumacher gewinnt als erster Deutscher die Formel-1-Weltmeisterschaft
1995	11.07.	Massaker von Srebrenica durch Serben unter Führung von Ratko Mladić
	24.08.	US-Software-Gigant Microsoft bringt „Windows 95" auf den Markt
1996	06.07.	Das Schaf Dolly, erstes geklontes Säugetier der Welt, wird geboren
	05.11.	Bill Clinton wird als Präsident der Vereinigten Staaten wiedergewählt
	18.11.	Die Telekom geht mit der T-Aktie an die Börse
1997	31.08.	Die Ex-Frau des britischen Thronfolgers Prinz Charles, Lady Di, stirbt bei einem Autounfall in Paris
	19.12.	Der Film „Titanic" wird ein Kinowelterfolg
1998	01.01.	Ende des Telefonmonopols in Deutschland
	10.03.	FC Bayern-Trainer Giovanni Trapattoni verzweifelt auf einer Pressekonferenz: „Ich habe fertig!"
	27.09.	SPD mit Bündnis 90/Die Grünen gewinnen die Bundestagswahl. Gerhard Schröder wird am 27.10.1998 zum 7. Bundeskanzler gewählt
1999	12.06.	NATO-Truppen marschieren im Kosovo ein
	31.12.	Boris Jelzin tritt zurück. Wladimir Putin wird Präsident Russlands

Die 90er Jahre: Im Osten was Neues

Das neue Jahrzehnt begann mit viel Schwung – in Deutschland und bei WeberHaus. Auslöser waren hier wie dort der Optimismus und die Hoffnung, die die neue Einheit des Landes entfachte.

Auch bei WeberHaus stehen die 90er Jahre ganz im Zeichen des Aufbaus Ost. Eigentlich logisch, denn nach der Wende würden die Menschen im Osten Deutschlands schnell ihren Lebensstandard verbessern wollen und, wie in den 60er Jahren im boomenden Westen, sollte es wieder Bedarf an neuem Wohnraum geben. Da dies am schnellsten mit einem Fertighaus zu realisieren ist, sehen die Chancen für die Branche zunächst gut aus. Doch auf die Euphorie über den historischen Augenblick und den Freudentaumel vor dem nunmehr wieder gesamtdeutschen Brandenburger Tor folgt bald die Ernüchterung: Ohne Verständnis für die Lage des anderen stehen sich enttäuschte „Ossis" und „Besser-Wessis" gegenüber, hoch ist die Steuerbelastung für den Aufschwung Ost, ungebrochen zunächst noch „die Mauer in den Köpfen". Katerstimmung breitet sich auch bei vielen Investoren und Unternehmen aus, die sich hier ein neues Standbein aufbauen wollen, denn die Nachfrage bleibt bald aus.

1. Im Überschwang der Einheit: Das dritte Werk in Mainburg

Nach dem Mauerfall entschloss sich WeberHaus schon im Juli 1990, der zu erwartenden Nachfrage durch den Bau eines dritten Werkes im bayerischen Raum zu begegnen. Der Standort Mainburg wurde strategisch gewählt, um sowohl die Entfernungen von Linx nach Bayern als auch in die ehemalige DDR und nach Österreich zu verkürzen. In neun Monaten Bauzeit entstanden Produktionsstätte, Verwaltungsgebäude und Bauherrenzentrum auf einem 7,5 Hektar großen Gelände, das am 12. Juni 1992 eingeweiht wurde.

Die Produktion war schon am 1. Mai gestartet worden. Wie mögen sich die Menschen über den neuen, modernen Arbeitsplatz gefreut haben. Die Anpassungsschwierigkeiten aufgrund des unterschiedlichen Ausbildungsstandards in Ost und West hielt Hans Weber für überwindbar und bat in einer Betriebsversammlung um eine willkommene Aufnahme der neuen Mitarbeiter. Die ostdeutschen Zimmerleute und die anderen Handwerker wurden in Linx geschult und in speziellen Kolonnen ausgebildet. Hinrich Lemke, langjähriger technischer Leiter von WeberHaus, übernahm die Leitung des neuen Werkes in Mainburg.

Als der junge Michael Sax 1984 ins Linxer Mutter-Unternehmen eintrat, hätte er sich wohl nicht träumen lassen, eines gar nicht so fernen Tages in der damaligen „Ost-Zone" für WeberHaus tätig zu werden. Genau das stand dem ausgebildeten Mineralölkaufmann und studierten Betriebswirt im Jahr 1993 bevor. Er wurde ein Mann der ersten Stunde beim Aufbau Ost, der mit der Errichtung eines

Das Bauherrenzentrum im bayerischen Mainburg

Bei der Einweihung des Werkes Mainburg: Heidi und Hans Weber spielen auf

Montagestützpunktes in Erfurt am 2. Februar begann. Von hier aus sollte die Gesamtbetreuung Ostdeutschlands starten. Und so brach Michael Sax Ende des Jahres seine Zelte in Linx ab und zog nach Erfurt, wo er mit weiteren 70 Mitarbeitern ans Werk ging. Nach dem Bau weiterer Stützpunkte in Wernigerode, Isseroda und Dresden 1996 hatte WeberHaus bald über 110 Mitarbeiter in den Neuen Bundesländern.

Hans Weber erinnert sich an diese Anfangszeit im Osten: „Es gab in der ehemaligen DDR viele Leute, die Geld gespart hatten und durch den Umtausch 1:1 ihr Haus bar bezahlen konnten. Eine tolle Sache, die noch ein Jahr vorher unvorstellbar gewesen wäre", wunderte sich der Chef noch nachträglich in einem Beitrag zur aktuellen Ausgabe der WeberHaus-Zeitung.

Das allererste Weber-Haus für die neuen Bundesländer wurde nach Jena geliefert. Mit der Baunummer 29223 wurde es am 19. Juni 1990 errichtet.

Eine besonders engagierte Verkäuferin und WeberHaus-Pionierin beim Aufbau Ost war Brigitta Weißhuhn. Sie hatte sich schon zu DDR-Zeiten mit dem Fertigbau beschäftigt und an der Universität Weimar eine Diplomarbeit zu dem Thema verfasst. Als Mitarbeiterin eines Volkseigenen Betriebs hatte sie bereits vor der Wende den Kontakt zu WeberHaus gesucht. Nach der Öffnung der Mauer besuchte sie mit 50 ihrer Mitarbeiter WeberHaus in Linx – alle fanden später einen Job bei WeberHaus. Nach dem Motto „Dem Tüchtigen schlägt keine Stunde" legte sich Frau Weißhuhn für ihre neue Firma so sehr ins Zeug, dass es oft sehr spät werden konnte, bis ein Kundengespräch zu beidseitiger Zufriedenheit abgeschlossen war. Da es zu jener Zeit kaum Hotels in den von ihr betreuten Gebieten gab, blieb der tüchtigen Angestellten nach einem Auswärtstermin manchmal nichts anderes übrig, als bei den Kunden auf der Couch zu übernachten. So viel Einsatz und Anpassungsvermögen wurden belohnt. Brigitta Weißhuhn verdiente genug, um sich ihren großen Traum erfüllen zu können: Sie wanderte in die USA aus, wo sie heute für einen großen Fertighaushersteller als Repräsentantin tätig ist.

Der Aufbau Ost lief anfänglich rund; 1993 kamen gut 20 Prozent des Auftragsvolumens aus Ostdeutschland. Dass die Nachfrage in Ostdeutschland nicht immer so stark sein würde wie in den Jahren nach der Wende, war vorauszusehen. Allerdings hatte mit einem so heftigen Rückgang wie seit Mitte 1999 niemand gerechnet. Anfänglich lieferte man 300 Häuser jährlich. Doch mittlerweile waren auch polnische und tschechische Fertighausanbieter auf dem Markt und boten Häuser sowie Bauleistungen an, die preislich weit unter den Möglichkeiten eines deutschen Betriebs lagen. Der Markt brach regelrecht ein.

Michael Sax musste 1999 ein weiteres Mal umziehen – von Thüringen nach Bayern, wo er die Chance erhielt, den Standort Mainburg als Werksleiter zu führen. Der neuen Aufgabe konnte er nur zwei kurze Jahre lang nachkommen. In diesem Zeitraum begann sich abzuzeichnen, dass man mit den großen Kapazitäten des Werkes auf Dauer nicht rentabel arbeiten konnte.

Dann kam der 28. April 2001. Michael Sax erinnert sich noch gut an den Ablauf dieses „schwarzen Tages“ in der Firmengeschichte: „Eigentlich war festgelegt worden, die Werksleitung solle den Mitarbeitern in einer Betriebsversammlung verkünden, dass der Standort Mainburg geschlossen werde.“ Diesen traurigen „Job“ hatte man dem Technischen Leiter, nicht aber Hans Weber selbst zugedacht. Soweit die Planung. Niemand hatte jedoch mit der Spontaneität des Chefs gerechnet. „Manchmal ist Herr Weber sehr überraschend. Plötzlich stand er da, niemand wusste, dass er kommen würde, auch nicht seine Frau.“

Es ist immer leicht, positive Nachrichten zu verkünden und die unangenehmen Dinge anderen zu überlassen. „Aber so ist unser Chef nicht“, weiß Michael Sax. Hans Weber trat im Seminarraum vor die versammelte Mitarbeiterschaft des Werkes, dazu hatten sich auch die Subunternehmen gesellt, die ebenfalls betroffen waren. Der Firmenchef musste in diesem Augenblick die schlimmste Nachricht der damals fast 40-jährigen Firmengeschichte verkünden: „Leute, wir müssen aufhören!“ Es gab Tränen. Noch im Rückblick gesteht Hans Weber: „Für mich war es die größte Niederlage, die ich je einstecken musste. Den 135 Leuten erklären zu müssen, sie verlieren den Arbeitsplatz, tat weh und bewegte mich innerlich sehr. Wirtschaftlich gab es keine andere Möglichkeit mehr, das Werk zu halten.

Der junge Werksleiter sah seinen Chef zum ersten Mal so emotional. „Ich werde den Moment nie vergessen. Er beantwortete aber auch in dieser Situation noch kritische Fragen der Mitarbeiter, die zum Teil aggressiv waren, was ich nachvollziehen konnte. Von der Kostenseite her war es aber die absolut richtige Entscheidung, dieses jüngste und modernste Werk zu schließen und sich von den Mitarbeitern zu trennen.“ Das traumatische Geschehen musste jeder der Beteiligten auf seine Weise verarbeiten. Michael Sax hat es sehr berührt.

Noch drei, vier Jahre später sollte sein Chef das Thema der Schließung des Werkes Mainburg immer wieder aufgreifen, so stark beschäftigte es diesen gestandenen, erfolgreichen Mann. Die Rück-

Der Hausentwurf Trenta Nova 1980

entwicklung des Standorts wurde bis Ende 2001 durchgeführt, insgesamt dauerte es rund fünf Monate, bis alles „abgewickelt" war. Dann ging es zusammen mit nur drei Werksmitarbeitern zurück nach Rheinau-Linx, und der Kreis schloss sich für Michael Sax, als er wieder an seinem alten Einsatzort als Werksleiter begann.

2. Offene Türen und mediterranes Flair

Selbstverständlich war das „Abenteuer Ost" nicht alles, was in den 90er Jahren bei WeberHaus passierte. Man streckte die Fühler in alle Richtungen aus und agierte auf verschiedenen Schauplätzen. So wurde 1993 Europas erstes Ausstellungshaus für barrierefreies Wohnen im Münchener Bauzentrum eröffnet. Im selben Jahr wurde WeberHaus in den Österreichischen Fertighausverband aufgenommen.

Ein Jahr später konnte WeberHaus einen „dicken Fisch" an Land ziehen. Bei dem größten Auftrag des Jahres handelte es sich um eine Reihenhausanlage in der Nähe von Wien mit einem Umsatzvolumen von 7,2 Millionen DM. Auf der anderen Seite lebte man „Tür an Tür“ mit Frankreich und die Firmenleitung bemühte sich natürlich um Kontakte. Diese führten im Oktober 1993 zu einem „Tag der offenen Tür“ für das Nachbarland. Dabei sah man sich nicht nur als Exporteur deutscher Ware und deutschen Wissens, weil man auch umgekehrt Materialien aus Frankreich bezog und 50 französische Mitarbeiter beschäftigte, die als Grenzgänger täglich den Weg nach Linx antraten.

Ein solcher „Tag der offenen Tür“ gerade für das Ausland musste gut organisiert sein. Die illustren Gäste vom französischen Bürgermeister über Architekten bis zu den Bankiers der Institute „Credit Mutuel“ und „Credit Agricole“ wollten entsprechend empfangen und informiert werden. Der Riesenaufwand mit detaillierter Planung

Das Modell Toskana

wurde in Weber-typischer Manier umgesetzt. Alles lief wie am Schnürchen ab und doch war bei aller Mühe der geschäftliche Erfolg eher bescheiden. Zu groß waren die bürokratischen Hürden, um in Frankreich richtig Fuß zu fassen. Baurecht und Genehmigungsverfahren waren sehr viel komplizierter als hierzulande. In den Jahren 1994 und 1995 wurden gerade einmal vier Häuser im westlichen Nachbarland errichtet.

Im Juni 1994 ging das Projekt „ZimmerMeisterHaus" an den Start, das zehn günstige Typenhäuser mit Variationsmöglichkeiten für den Selbstausbauer vorsah. Da sich herausstellte, dass der Begriff „ZimmerMeisterHaus" schon anderweitig vergeben war, wurde das Programm im nächsten Jahr in „TwinHaus" umbenannt. Das preiswerteste TwinHaus, das der bewährten WeberHaus-Grundkonstruktion entsprach, kostete 112.000 DM. Wer beim Ausbau selbst Hand anlegte, konnte je nach Ausstattung und Größe zwischen 50.000 und 100.000 DM einsparen.

Mit großem Elan wurden weitere Ausstellungshäuser kreiert. Darunter – zum 30-jährigen Firmenjubiläum – die sehr erfolgreichen Entwürfe „Trenta Nova" aus dem Jahr 1990 und die mediterran anmutende „Villa Toscana" zum 35-jährigen Bestehen. Womit WeberHaus bewies, dass südliches Flair auch jenseits der Toskana am Oberrhein Gestalt annehmen kann. Der „Villa"-Entwurf, sicherlich ein kleiner Meilenstein in der Firmengeschichte, gehört zur S-Klasse des Programms. Das „Rainbow", ein Entwurf von Manuela Schulz aus Anlass des 60. Geburtstags von Hans Weber im Jahre 1996, war eine Architekturinnovation. Durch einen großflächigen Rundbogen und viel Licht im Raum wirkte das Haus großzügig und modern. Parallel zu „Toscana" lief auch „ParkLane", ein Haus nach amerikanischem Vorbild: großflächiger Bungalow, weiße Holzverkleidungen und massive Dachüberstände.

Neben diesen Produktneuerungen gab es in ständiger Abfolge Erweiterungen und Neubauten von Bürotrakten, Fertigungsanlagen und Produktionshallen. Wo und wenn nicht erweitert wurde, musste renoviert werden. Irgendwo wurde immer gerade „gebuddelt". Die in der Unternehmensverwaltung begonnene Re- und Neuorganisation der EDV erwartete von allen Beteiligten die Bereitschaft zum Umdenken. Allgemeines Aufatmen, als das durchgestanden war. Aber der Einsatz der Elektronik bei der Produktentwicklung und der Produktion sollte sich noch verstärken. Die raschen Veränderungen des Nachfrageverhaltens und die Verkürzung der Produktzyklen verlangten sowohl vom Management als auch von der Belegschaft ein immer höheres Maß an Flexibilität.

3. Das Niedrigenergiehaus

Die Ölpreiskrise der 70er Jahre hatte alle wach gerüttelt: „Energie" sollte das Zauberwort der Zukunft heißen. Sie zu beschaffen, möglichst sparsam zu verwenden und vielleicht sogar einzusparen, war die Herausforderung der jüngsten Entwicklungen – eine Herausforderung, die weit über die Jahrtausendwende hinausreichen und zum globalen Thema werden sollte.

Auch staatlicherseits wurde das Einsparen von Energie eine wichtige Zielvorgabe. Es dauerte aber noch eine Weile, bis es zum obersten Gebot avancierte. Vor dem Hintergrund steigender Energiepreise führte der Gesetzgeber erstmals 1977 die Verordnung über den Energie sparenden Wärmeschutz, die so genannte Wärmeschutzverordnung, ein und novellierte diese in den letzten 40 Jahren regelmäßig. Deutschland nimmt hier zweifellos eine Pionierrolle ein. Ganz im Gegensatz zu Industriestaaten wie den USA und China, durch deren mangelndes ökologisches Bewusstsein die Weltklimagipfel 2007 auf der Insel Bali und 2009 in Kopenhagen scheiterten. Erst auf der UN-Klimakonferenz 2015 in Paris einigten sich 195 Mitgliedsstaaten auf einen Weltklimavertrag, der eine Begrenzung der Erderwärmung auf unter 2° C vorsieht.

Ziel des Wärmeschutzes ist natürlich, Heizkosten zu sparen, Energievorräte und Umwelt zu schonen und ein behagliches Wohnklima sicherzustellen. Auch hier sah sich WeberHaus auf dem richtigen Weg, denn, wie schon erwähnt, Gebäude in Holzbauweise sind dazu besonders gut geeignet, bestehen doch die Wärme übertragenden Außenbauteile, das Dach und die Wände aus Holz – dem Baustoff mit den besten Dämmeigenschaften. Mit diesem Öko-Profil können moderne Holzhäuser zum einen die Vorgaben der Energiesparverordnungen mehr als erfüllen, gleichzeitig ein gesundes Wohnklima bieten und auf lange Sicht Geld sparen helfen.

In den Jahren 1984/85 führte das Fraunhofer-Institut für Bauphysik in Zusammenarbeit mit WeberHaus das Projekt „Solarhäuser Landstuhl" durch. Erstmalig wurden über Jahre Messungen in bewohnten Häusern durchgeführt. Zu diesem Zweck brachte man in den einzelnen Räumen sowie an Rollläden und Fenstern Messfühler für Raumtemperatur und Windgeschwindigkeiten an. Ziel war es, versteckte Wärmeverluste aufzuspüren und das Nutzerverhalten zu erforschen. Ein Ergebnis: Die Häuser von WeberHaus verbrauchten bereits damals nur zehn Liter Öl je Quadratmeter Wohnfläche im Jahr. Die gültige Wärmeschutzverordnung von 1982 forderte einen Grenzwert von 15 Litern pro Quadratmeter.

Im Januar 1990 präsentierte WeberHaus gemeinsam mit anderen Baufirmen das Projekt „Niedrigenergiehäuser" (NEH), das in Heidenheim, Baden-Württemberg, durchgeführt und erneut vom

Innovatives Forschungsprojekt Heidenheim

Fraunhofer-Institut für Bauphysik in Stuttgart wissenschaftlich begleitet wurde. Vor allem sollten moderne, also energiesparende Bautechnik und Umweltschutz miteinander in Einklang gebracht werden.

Ziel der Niedrigenergiehaustechnik war der sparsame Einsatz verfügbarer Ressourcen und die Reduktion von Schadstoffbelastungen sowohl für den privaten Haushalt als auch für die Umwelt. Hans Weber war von dieser Idee persönlich fasziniert und fühlte sich herausgefordert. Was in der Autoindustrie gelungen war, nämlich die Verbrauchswerte für Benzin von durchschnittlich 12 bis 15 Liter in den 70er Jahren auf fünf bis acht Liter bis zum Ende der 80er Jahre zu senken, das sollte auch in der Heiztechnik für Wohnhäuser möglich sein. Auf diesem Wege wurde das Weber-Niedrigenergiehaus als das Nonplusultra im Heizkostenbereich entwickelt – mit einem Verbrauch von etwa sieben Litern Heizöl pro Quadratmeter Wohnfläche und Jahr. Nachdem die Ergebnisse des Forschungsprojekts Heidenheim vorlagen, stellte WeberHaus zum 1. September 1990 als erster Hersteller die gesamte Produktion auf den Niedrigenergiestandard um. Ein überzeugendes Verkaufsargument!

4. Övolution und Passivhaus

Richtungweisend für die Zukunft war 1997 die Einführung des Hauses Övolution, mit dem WeberHaus energietechnisch den Schritt ins nächste Jahrtausend vollzog. Der Entwicklung voraus gegangen war die Beantwortung einer Frage, die Hans Weber und andere innovative Köpfe des Unternehmens immer wieder beschäftigt hatte: Was kann man tun, um natürliche Energieressourcen noch sinnvoller als bisher zu nutzen, ohne dabei die Umwelt zu belasten?

Mit Unterstützung des Solararchitekten Rolf Disch aus Freiburg im Breisgau und in Kooperation mit namhaften Partnern wie dem Fraunhofer-Institut für Bauphysik, Buderus, G+H ISOVER, Kunz, Siemens und Vegla, startete 1995 ein Forschungsprojekt mit einer ganz schlicht klingenden Aufgabenstellung: die Entwicklung eines 3-Liter-Hauses sowie des Null-Heizenergie-Hauses – eines Hauses, das nicht von Luft und Liebe, aber von der Kraft der Sonne leben, das heißt seinen Energiebedarf vollständig aus ihr beziehen sollte.

WeberHaus ging ans Werk und konstruierte ein Gebäude mit zur Südseite geneigtem Dach und 50 cm dicken und entsprechend gedämmten Wänden. Dazu gab es Unterstützung von oben und unten: Auf das Dach wurde eine Solaranlage montiert und in den Keller ein Tank mit einem Fassungsvermögen von 20.000 Litern eingebaut, der das von den Solarkollektoren erwärmte Wasser für die Heizung speicherte. Den Strom für die Haustechnik lieferte eine zusätzlich eingebaute Photovoltaikanlage.

Sowohl bei der Gewinnung von Warmwasser als auch bei der Stromerzeugung spielte die Sonne eine zentrale Rolle. Eine möglichst effiziente Nutzung ihrer Energie erzielte man durch die Ausrichtung des baulichen Grundrisses zum Lauf der Sonne hin. Auf der Südseite

Das Haus Övolution

Das Passivhaus aus dem Jahr 2000

des Hauses waren aus diesem Grund große Fensterflächen mit einer stark dämmenden Wärmeschutzverglasung vorgesehen, während man auf der kühleren Nordseite auf Fenster weitgehend verzichtete. Das reduzierte den ohnehin geringen Energieverbrauch auf ein Minimum. Kernelement dieses ökologischen Innovationskonzepts war die Außenwand des Hauses. Die bislang schon gute Wärmedämmung der WeberHaus-Wände wurde hier noch einmal optimiert und der U-Wert auf ein Minimum von 0,08 W/(m²K) reduziert. Mit dem von Architekt Rolf Disch ausgetüftelten Konzept Övolution war das selbst gesetzte Klassenziel erreicht, denn es setzte, wie auch die Niedrigenergiehäuser von WeberHaus, auf die optimale Nutzung regenerativer Energien.

Unter den Namen Övolution und Övolution Plus wurden diese Visionen mit Hilfe einer Förderung des Bundesministeriums für Wirtschaft und Technologie Wirklichkeit. Das 3-Liter-Haus von WeberHaus präsentierte sich mit einem Energiebedarf, der im Vergleich bei nur 30 Prozent lag. Das Null-Heizenergiehaus erlaubte sogar den vollständigen Verzicht auf den Einsatz fossiler Brennstoffe.

Einziger Wermutstropfen: Die kostspielige Technik war für die Massenproduktion leider nicht geeignet. Peter Liehner, heute Geschäftsführer bei WeberHaus und damals der zuständige Verkäufer, kennt Övolution wie seine Westentasche. Das einzige Ausstellungshaus dieser Serie war gleichzeitig sein Arbeitsplatz: „Das System war ein Quantensprung für die damalige Zeit!“ Auch wenn sich Interessenten damit teilweise „überfordert“ fühlten, ist sich Peter Liehner seiner Sache sicher und prophezeit: „In ein paar Jahren werden solche Häuser in Neubaugebieten wie Pilze aus dem Boden schießen.“

Das System Övolution, mit dem jedes Weber-Haus ausgestattet werden kann, wurde von Lesern und einer Fachjury der Zeitschrift „DM“ – heute „Euro“ – mit der „Goldenen DM“ geehrt. „Hut ab!“, sagte auch das Wirtschaftsministerium Baden-Württemberg und verlieh einen internationalen Design-Preis. Für die konsequente Umsetzung ökologischer Belange erhielt WeberHaus außerdem den Eurosolar-Preis 1997.

Ein weiteres innovatives Energiespar-Highlight der 90er Jahre war das Weber-Passivhaus, dessen Technologie als spektakulär galt. Das Haus hatte einen Heizwärmebedarf von nur 1,5 Liter Heizöl oder 15 kW/m^2 pro Jahr. Das war der positive Effekt eines ausgeklügelten Energieeinspar- und Energieerhaltungssystems, bestehend aus Solaranlage, kontrollierter Lüftungsheizung und Wärmerückgewinnung sowie dem EIB-System (EIB = digitaler Vernetzungsstandard „European Installation Bus“) zur zentralen Steuerung aller elektrischen Anlagen wie Beleuchtung, Beschattungs- und Heizungsanlagen und zur Vernetzung von Telefonen und Computern in einem Gebäude.

Heute kann grundsätzlich jedes Weber-Haus als Passivhaus gebaut werden. Möglich wird das durch die intelligente Kombination von hervorragender Dämmung, Dreifach-Wärmeschutzverglasung und Komfortlüftung mit effizienter Wärmerückgewinnung. Sie ist die Basis dafür, dass ein Passivhaus einen bis zu 75 Prozent geringeren Jahresheizwärmebedarf hat als ein herkömmlicher Neubau. Der geringe Heizwärmebedarf von 15 kW/m² pro Jahr macht ein konventionelles Heizsystem im Haus überflüssig. Solare Wärme sowie die Abwärme von Personen und elektrischen Geräten decken den geringen Energiebedarf des Sparhauses komplett.

5. Vom Keller bis zum Dach: Alles aus einer Hand

Immer wieder hatte es sich für Bauherren als schwierig erwiesen, beim Kauf eines Weber-Hauses anderswo den dazu passenden Keller zu bekommen. Da die Fertigkellerbauer noch nicht in der Lage waren, bundesweit zu liefern, entwickelte WeberHaus in Anlehnung an ein Kellersystem der österreichischen Firma Frieser selbst eine Problemlösung: das Weberith-Kellersystem. Ein Betonwerk fertigte die so genannte Betonaußenschale, 5 cm dick mit eingebauten Abstandshaltern. Auf diese wurde dann bei WeberHaus eine Holzwerkstoffplatte von 25 mm als innere Wandschale aufgeschraubt. Elektroleerdosen und -leerrohre sowie Fenster und Türen wurden, falls erforderlich, auch gleich mit eingesetzt. Diese so genannten Doppelwände wurden an der Baustelle mit Fließbeton ausgegossen und verdichtet. WeberHaus fertigte die Kellerwand genau wie die Hauswände regelrecht vor. Als Kellerdecke wurde eine Beton-Röhrendecke verwendet, die Anlieferung zur Baustelle erfolgte direkt vom Betonwerk.

Die Fertigung des Weberith-Kellersystems in den frühen 90er Jahren

Das System war genial, der Keller hatte echte Wohnqualität aufgrund der Wandbeplankung mit den 25 mm Holzwerkstoffplatten. „Wenn man einen so ausgestatteten Keller betrat, überkam einen kein Beton-, Kälte- oder Feuchtigkeitsgefühl“, schildert Hans Weber die Vorzüge der Weberith-Kellerkonstruktion. Wenn der Keller ausgebaut werden sollte, befestigte man flugs eine Gipsplatte darauf und erreichte wahrnehmbare Zimmerqualität.

Der Haken an der Sache: Das System war durch den enormen Aufwand natürlich teurer als ein normaler Keller. Da Bauherren sparen müssen, griffen sie lieber zur günstigeren Konkurrenz und nahmen den billigeren Betonkeller. WeberHaus legte deshalb die Produktion des Weberith-Systems still und machte seitdem beim Keller ebenfalls „in Beton“. Das heutige System heißt immer noch „Weberith“. Natürlich ist es keine 08/15-Lösung, sondern eine echte Eigenschöpfung, dafür aber preisgünstiger als die frühere Lösung: Zwei 5 cm dicke Schalen werden an der Baustelle mit Beton ausgegossen.

Darüber entsteht die Bodenplatte. Der Vorteil gegenüber einem gemauerten Keller liegt darin, dass Beton widerstandsfähiger ist als der gemauerte Keller, wenn er mit Wasser in Berührung kommt. Man arbeitet in Europa heute mit zwei Lieferanten, die vertraglich an WeberHaus gebunden sind. Sie stellen den Keller her und bauen ihn auf, anschließend wird das WeberHaus darauf gesetzt. So erhält der Bauherr immer noch alles aus einer Hand.

6. www.weberhaus.de – WeberHaus virtuell

Bereits im Jahre 1996 expandierte WeberHaus auch virtuell. Das Unternehmen machte sich das „World Wide Web“ zunutze und richtete seine erste Homepage ein: www.weberhaus.de. Früh wurde erkannt, dass das Internet das Informationsmedium der Zukunft sein werde. Schließlich bot es unglaubliche Vorteile. Hier konnte sich der zukünftige Kunde ein erstes Bild vom vielfältigen Angebot in Sachen Fertighaus machen: die relevanten Anbieter im Netz recherchieren, die Mitbewerber vergleichen und dann gut informiert die Probe aufs Exempel machen – den Besuch der Fertighausausstellung.

Denn der erste Kontakt mit dem realen Haus ist inzwischen meist der zweite Schritt. Der zukünftige Bauherr ist besser informiert als je zuvor. Dementsprechend wird die Homepage tausendfach pro Jahr angeklickt. Sie ist zu einer wichtigen Visitenkarte für WeberHaus geworden. Egal ob „World of Living“, ökologisches Bauen oder Ausstattungsdetails, jedes Thema wird ausführlich behandelt und anschaulich dargestellt.

Das neue Jahrtausend: Die 1. Dekade

2000	01.01.	Die Panik vor einem Computer-Chaos zur Millenniumswende erweist sich als unbegründet
2001	11.09.	Terroranschläge in den USA versetzen die Welt in Angst und Schrecken: Entführte Flugzeuge rasen in die Türme des World Trade Center in New York, stürzen auf das Pentagon und zerschellen in der Nähe von Pittsburgh, Pennsylvania. Tausende Menschen sterben
2002	01.01.	Der Euro wird zur Einheitswährung in 12 europäischen Staaten
2003	20.03.	Beginn des dritten Golfkriegs
2004	13.09.	Michael Schumacher wird zum siebten Mal Weltmeister in der Formel 1
	26.12.	Über 300.000 Menschen sterben durch die vom Tsunami ausgelöste Flutwelle vor Thailand, Indien und Indonesien
2005	02.04.	Die Welt trauert um Papst Johannes Paul II. Neuer Papst wird Joseph Kardinal Ratzinger als Benedikt XVI. am 19.4.
	22.11.	Angela Merkel (CDU) wird erste Bundeskanzlerin Deutschlands
2006	05.02.	Muslimische Demonstrationen gegen die Mohammed-Karikaturen einer dänischen Zeitung
	09.10.	Nordkorea testet zum ersten Mal erfolgreich eine Atombombe
2007	01.01.	Der Südkoreaner Ban Ki-moon übernimmt von Kofi Annan das Amt des UN-Generalsekretärs
	05.11.	Gold und Euro erreichen Höchststände, der Dollar schwächelt ebenso wie das internationale Finanzsystem durch die Hypothekenkrise
2008	11.07.	Die Rohölpreise erreichen einen neuen Höchststand von 147,50 US-Dollar
	01.10.	Beginn der weltweiten Finanz- und Wirtschaftskrise
2009	20.01.	Barack Hussein Obama wird zum 44. Präsidenten der Vereinigten Staaten von Amerika vereidigt. Er ist der erste Afroamerikaner in diesem Amt
	02.04.	In London beschließen die G-20-Länder ein Programm von 1,1 Billionen US-Dollar zur Belebung der Weltkonjunktur

Das neue Jahrtausend: Die 1. Dekade

Kurz vor Anbruch des neuen Millenniums war der Augenblick für ein kurzes Innehalten gekommen. Auch die jüngsten Entwicklungen gaben Anlass zur Frage, wo man stehe. Im Oktober 1999 beleuchtete Hans Weber in einer Pressekonferenz die aktuelle Situation mit einigen Zahlen: WeberHaus legte im Vergleich zum Vorjahr zu und konnte seinen Jahresumsatz auf 392 Millionen DM und 1.161 gebaute Häuser steigern. Ein Rekord.

Doch nur wenige Monate später – die Internetblase war gerade geplatzt – gab es einen massiven wirtschaftlichen Einbruch, der auch den Einfamilienhausbau insgesamt betraf, wie überhaupt die Jahre 2000 bis 2008 von einem Rückgang der Baugenehmigungen geprägt waren. WeberHaus musste sich der Lage anpassen und Mitarbeiter entlassen: Im Werk Mainburg wurden 135, in Linx und Wenden 80 Stellen abgebaut. Eine schmerzliche Erfahrung – für beide Seiten. Grund für die rückläufige Entwicklung war unter anderem die Senkung der Bemessungsgrundlage für die Eigenheimförderung zum 1. Januar 2000.

In einer seiner Reden als Präsident des Bundesverbands Deutscher Fertigbau e.V. appellierte daher Hans Weber an die Bundesregierung, diesen Weg nicht weiter zu beschreiten, da sonst immer weniger junge Familien ihren Traum vom Eigenheim verwirklichen könnten. Mit der Abschaffung der Eigenheimförderung im Jahr 2005 entfiel dann die staatliche Förderung für Bauherren vollständig – mit der Folge, dass in Deutschland der Markt für Ein- und Zweifamilienhäuser dramatisch einbrach. Die Baugenehmigungen gingen allein von 2006 bis 2008 von ca. 133.000 auf ca. 80.000 zurück.

Im Oktober 2008 schwappte dann aus den USA die Hypothekenkrise nach Europa über. In den USA hatte sich eine über viele Jahre andauernde Preissteigerungsphase im Immobilienmarkt zu einer gefährlichen „Blase" entwickelt. Viele US-Bürger finanzierten ihren Lebensstil mit sehr günstigen Hauskrediten. Als dann die „Blase" der faulen Kredite platzte und die Immobilienpreise dramatisch fielen, wurde 2008 eine massive Finanzkrise akut. Viele Banken blieben auf ihren Forderungen sitzen. Durch die Verbriefung der Kredite und die Weitergabe an andere Banken auf allen Kontinenten entwickelte sich die Krise zu einem weltweiten Finanzdesaster. Lehman Brothers, AIG, General Motors und Chrysler mussten Konkurs anmelden oder – wie die deutsche Hypo Real Estate, diverse Landesbanken und die Mittelstandsbank IKB – mit Staatsgeldern gestützt bzw. gerettet werden. Der Internationale Währungsfonds (IWF) erwartete in seiner Prognose von Anfang November 2008 für das Jahr 2009 die erste weltweite Rezession seit dem Zweiten Weltkrieg. Das reale Wirtschaftswachstum sank in Europa über drei Quartale – die Finanzkrise hatte auch Deutschland erreicht. Kurz darauf stand Griechenland vor dem Staatsbankrott und damit die Gemeinschaftswährung des Euro vor der größten Bewährungsprobe seit ihrer Einführung.

Allen Rezessionsängsten zum Trotz behauptete sich die Fertigbaubranche in der Krise und entwickelte sich geradezu antizyklisch. „Das war die erste Wirtschaftskrise, von der wir profitierten", so Hans Weber. „Wir hatten gut zu tun, der Handwerkermarkt war leer gefegt."

Eine von 30.000 glücklichen Bauherrenfamilien

Die Gründe dafür lagen auf der Hand: Das Gezerre um Haushaltsdefizite und den Euro verunsicherte die Menschen, Werte wie Immobilien, die auf Stein, Holz und Boden basieren, waren gefragt. WeberHaus nutzte die Gunst der Stunde und ging ein echtes Wagnis ein.

1. „World of Living" – Wohnvisionen werden wahr

Zu Beginn des neuen Jahrtausends hatte Hans Weber die Verlosung eines Jubiläumshauses, Tage der offenen Tür in allen Werken und diverse Aktionen für Bauinteressierte und bereits gewonnene Bauherren angekündigt. Besonders hellhörig wurden die Medien, als die Nachricht von der Eröffnung der „World of Living" in Rheinau-Linx im Herbst 2000 die Runde machte.

Die Idee zu diesem Themenpark der Wohnwelten hatte Hans Weber schon vor vielen Jahren. Allein ihre Realisierung war eine Frage des Platzes. Wo sollte und konnte eine Dauerausstellung dieser Größenordnung untergebracht werden? Da ergab sich die Gelegenheit, 75.000 Quadratmeter Frei- und Waldfläche mit ehemaligen Kasernen gegenüber dem Werksgelände zu kaufen, die nach dem Abzug der bisher dort stationierten französischen Streitkräfte in Linx zur Disposition standen.

WeberHaus erwarb das Areal und riss die Gebäude wie vorgesehen ab. Am 14. Oktober 2000 wurde die „World of Living" in Anwesenheit des damaligen Bundesministers für Arbeit und Sozialordnung, Walter Riester, eröffnet.

Es bedurfte eines langen Atems und auch viel Mutes, den Traum eines Erlebnisparks zum Thema Wohnen gegen alle Widerstände und Zweifel wahr werden zu lassen. Wozu diese Anstrengung? War es Hans Weber zu ruhig geworden? Sicher nicht, denn „Baustellen" aller Art gab es genug. Suchte er neue Herausforderungen im alten Trott? Wohl kaum, denn Trott konnte man sich nicht leisten, ganz abgesehen davon, dass dafür weder Zeit noch Raum blieb, weil Neuentwicklungen nicht nur den Chef ständig auf Trab hielten. Denn auch bei WeberHaus spürte man, dass die Bedürfnisse der Kunden spezifischer und die Lösungen komplexer, auch individueller wurden, das Tempo des Wandels zunahm und die Reaktionszeit auf Veränderungen immer kürzer wurde. Nein, die „World of Living" entstand aus lauter „Übermut" – im wahrsten Sinne des Wortes, denn es war mehr als mutig, geradezu visionär, ein so innovatives Projekt anzugehen.

Man suchte ja schon seit einiger Zeit nach einer Idee, die Welt des Wohnens gestern und heute neu und anders zu präsentieren. Am Anfang stand – wie schon vor 40 Jahren – wieder einmal eine Vision: Hans Weber wollte eine Ausstellung kreieren, wie es sie noch nie gegeben hatte. Nicht einfach nur ein paar Ausstellungshäuser, die besichtigt werden können. Das kannte man alles schon. Schließlich war Wohnen mehr, als nur ein Dach über dem Kopf zu haben.

Worin besteht dieses Mehr, dieser Mehrwert? Wohnen ist seit jeher ein Bedürfnis und ein Gefühl. Seit Anbeginn arbeitet der Mensch daran, diesem Bedürfnis gerecht zu werden und diesem Gefühl Ausdruck zu verleihen. Und genau das müsste man einmal darstellen. Aber wie? Mit einer Erlebniswelt, deren Besucher das Wohngefühl am eigenen Leib erfahren können. Dem Team um Hans Weber schwebte eine Art Museum vor, das die Entwicklung des Hausbauens und Wohnens der letzten 20.000 Jahre zeigen sollte. Dabei spannte sich der Bogen gedanklich schon vom Damals zum Heute. Wie lebten die Menschen früher, wie leben sie heute?

Zu dieser zurückblickenden Unterhaltungs- und Wissenswelt für die ganze Familie, für kleine und große, junge und alte Hausbauer dachte sich Hans Weber auch eine ganz praktische, informative Seite mit Blick auf die Gegenwart und die Zukunft aus: Eine Ausstellung mit Messe-Charakter sollte die Besucher aus dem historischen Rundgang ins Hier und Jetzt zurückholen, sie mit der Philosophie und dem Angebot von WeberHaus bekannt machen, sie von den Möglichkeiten dieser Welt des Wohnens einnehmen. Es war klar, die Sache würde große Dimensionen annehmen und viel Geld kosten. Wenn man schon die Idee hatte und weder Kosten noch Mühen scheute, so etwas aufzuziehen, warum nicht gleich Europas ersten Infotainment-Park zum Thema Bauen und Wohnen präsentieren?

WeberHaus schrieb einen Architektenwettbewerb aus, den der Stuttgarter Architekt Günter Hermann und der Landschaftsgärtner Klaus Scheuber aus Freiburg im Breisgau gewannen.

Als die erste Bauphase schon fast eingeläutet war, las Hans Weber in der Zeitschrift „Impulse“ einen Bericht über den in den USA lebenden Österreicher Ludwig Morasch, der Infotainment-Welten für alle möglichen Firmen kreierte, zum Beispiel für große Autohäuser. Hans Weber reagierte ganz spontan: „Was ich da las, gefiel mir unheimlich gut, und ich überlegte, ob man die Idee auch auf Häuser übertragen könnte.“ Man machte den Österreicher im Land der unbegrenzten Möglichkeiten ausfindig und erläuterte ihm den Weber-Plan einer Wohn-Erlebniswelt. Ludwig Morasch fing sofort Feuer, kam nach Linx herübergeflogen und vertiefte sich in die Planungsunterlagen.

Ohne zusätzliche Investitionen, so sein Urteil, sei die Sache nicht ins Werk zu setzen, bei einem höheren Budget könne man aber mit ihm rechnen. Vier Wochen später kam der Meister wieder und präsentierte einen Entwurf mit dem „Universum der Zeit“, das er zusätzlich zum bisher Geplanten eingefügt hatte. Hans Weber überlegte, dass man eine weitere Halle bauen und die Bebauung des Ausstellungsgeländes weiter nach Osten ausdehnen müsste als ursprünglich vorgesehen.

Auch für ihn, der sich seit 40 Jahren mit der Planung von Häusern befasste, war die „World of Living“ etwas ganz Neues. Künstlerisch umgesetzt von Johann Kott, der sich schon im Filmkulissenbau einen Namen gemacht hatte, wurden dann die Planungen Schritt für Schritt realisiert, nachdem auch der Rat von Archäologen und Historikern eingeholt worden war. Bei allem hielt man sich strikt an das Thema Bauen und Wohnen. Über den Prozess der Entstehung hinaus beeindruckte der geistige Urheber der „World of Living“ die Familie Weber auch persönlich, wie Hans Weber noch heute unumwunden zugibt: „Für mich war die Bekanntschaft mit Ludwig Morasch wichtig. Ich habe viel von ihm gelernt, und er hat mir als Mensch viel gegeben.“

Das Leben – von den Neandertalern …

… über Cleopatra und Nero …

Das Ergebnis ist beeindruckend, im wahrsten Sinne des Wortes: Nach dem einladenden Empfang im Foyer betritt der Besucher das „Universum der Zeit“, eine riesige Anfass-Bühne, in der die historischen Bau-Vorstellungen vergangener und künftiger Epochen in rund 40 Minuten durchwandert und mit allen Sinnen ertastet, erfühlt, gerochen und empfunden werden können. Wie bei einer Filmproduktion wurde hierzu ein Drehbuch geschrieben, das als Grundlage für die Entwürfe diente. Von den Steinzeithöhlen über das alte Ägypten und das Mittelalter bis in die Gegenwart und Zukunft führt die Reise durch realitätsgetreue Kulissen in die unterschiedlichsten Wohnformen der Menschheit. Je nach Epoche und Region wechselt das Klima, mal ist es tropisch heiß, dann wieder kühl und feucht.

Hinzu kommen typische Gerüche, die einen authentischen Eindruck erzeugen. Insgesamt neun Themenbereiche ziehen das Interesse der großen und kleinen Besucher auf sich: Vom brennenden Rom über die Scheichs im Wüstenzelt bis zum

Leben im All wird vergangene und gegenwärtige Wirklichkeit fantasievoll in Szene gesetzt.

Seit Neuestem bietet die „World of Living" seinen Besuchern noch eine weitere Aufsehen erregende Attraktion: Mitten im Universum der Zeit ist nämlich ein futuristisches Raumschiff gelandet, mit dem große und kleine Astronauten die unendlichen Weiten des Weltraums erkunden können. Das 3-D-Spiel-Modul mit seinen riesigen Bildschirmen erlaubt, insgesamt drei Personen vom Cockpit aus den Space Shuttle selbst zu steuern. Während des Fluges werden Gegenstände eingesammelt, die darüber entscheiden, auf welchem Planeten die rasante Reise ihr Ende finden wird.

Zeitgleich wurden im gesamten Universum der Zeit neue elektronisch gesteuerte Puppen installiert. Auch hier ist der Besuchermagnet von WeberHaus mit diesen lebensecht animierten Figuren nun auf dem neuesten Stand der Technik.

Ein architektonischer Blickfang in der „World of Living" ist die „Halle der Kreation", ein Werk des Stuttgarter Architekten

... von den Rittersleuten ...

...über Robinson Crusoe bis in den Weltraum

In der Halle der Kreation können sich ...

... zukünftige Bauherren inspirieren lassen

Günter Hermann. Das zweigeschossige Gebäude beherbergt die Welt des „Schöner Wohnens". Auf 3.500 Quadratmetern präsentieren die Partner der „World of Living" erstklassige Qualität und zukunftweisendes Design. Hier sind die Produkte aller führenden Hersteller zu finden – von der Photovoltaik- und Solaranlage über die hochwertige Badausstattung bis zu modernen Heiz- und Lüftungssystemen. Das gesamte Spektrum an aktuellen Ausstattungsvarianten und Markenprodukten aus Haus-, Umwelt- und Kommunikationstechnik wird gezeigt. Kompetente Ausstattungsberater begleiten die Interessenten und bieten alles aus einer Hand an.

Die Zeiten, in denen der Bauherr noch von Hausausstellung zu Hausausstellung zog, sind vorbei. Die Größe und Vielfalt der unterschiedlichen Gewerke, die hier an einem Ort zu finden sind, ist in Europa einzigartig.

Seit 2012 komplettiert „Poolsplace" die „World of Living": Es ist die erste Ausstellung in Deutschland, die einen direkten Überblick über klassische Pools, NaturPools und

Die Halle der Kreation in der „World of Living“

Schwimmteiche, Whirlpools, Duschen sowie sämtliche Zubehör-Artikel gibt. Auf rund 1.400 Quadratmetern werden die aktuellen Highlights rund ums kühle – bei Whirlpools natürlich warme – Nass präsentiert. Das Areal ist angelegt wie ein klassischer Privatgarten. So können sich künftige Poolbesitzer gleich ansehen, wie ihr privates „Freibad“ einmal aussehen könnte. Neben den verschiedenen Becken bietet das so genannte „Poolhaus“ alles, wovon Wellness- und Saunafans träumen, und zeigt Beispiele für die ganz per-

Highlights rund ums Wasser – der neue „Poolsplace" in der „World of Living"

sönliche Wellnessoase zuhause. Motto: einfach eintauchen und genießen.

Die „World of Living" ist als Erlebniswelt für die ganze Familie konzipiert, entsprechend groß ist auch das Angebot für Kinder, das sich im Park fortsetzt. „Tierbehausungen spielerisch entdecken" lautet hier nur ein Motto. Der Erlenpark ist eine 75.000 Quadratmeter große Parkanlage mit einem kleinen See. Der alte Baumbestand konnte erhalten werden und bietet heute eine wundervolle Kulisse für die Präsentation der Weber-Ausstellungshäuser.

Der „Kolumbus-Saal" ist ebenfalls ein Bestandteil der „World of Living". Hier werden Vorträge und Seminare abgehalten. Verbände und Vereine, die ihren Kunden oder Mitarbeitern einmal etwas wirklich Ausgefallenes bieten wollen, können den „Kolumbus-Saal" für Veranstaltungen der besonderen Art mieten. Vielfältige Aktivitäten finden das ganze Jahr über statt und locken Besucher aus nah und fern an.

Oben: Der Kolumbus-Saal in der „World of Living“. Unten: Kinder entdecken Tierbehausungen

So hat Hans Webers Vision in der „World of Living“ eindrucksvoll Gestalt angenommen und lockt jährlich knapp 60.000 Besucher nach Rheinau-Linx. Wer WeberHaus-Kunde ist, hat freien Eintritt – und das ein Leben lang.

Mit einem Budgetvolumen von 40 Millionen DM wurde diese Vision in die Realität umgesetzt – und seitdem permanent erweitert, renoviert und auf den neuesten Stand der Technik gebracht. „Heute kommen rund die Hälfte unserer Kunden in die ‚World of Living', bevor sie sich für ein Weber-Haus entscheiden“, so Hans Weber. Natürlich war die „World of Living“ als Katalysator für die weitere Aufwärtsentwicklung von WeberHaus geplant. Mit der in dieser Form – in der Branche und darüber hinaus – einmaligen Präsentation der Philosophie von WeberHaus und seines Anspruchs verfolgte man natürlich das Ziel, noch mehr Bauinteressenten als bisher auf das Unternehmen aufmerksam zu machen und letztlich für sich zu gewin-

Das Universum der Zeit

nen. „Wir sind froh, dass wir die ‚World of Living' haben. Als Unternehmenspräsentation ist sie top", lautet Hans Webers Resümee. Und Tochter Heidi Weber ergänzt: „Sie hilft, uns von anderen Anbietern abzusetzen und bietet uns Chancen für mehr Erfolg am Markt und wirkt insofern nachhaltig. Und der Kernpunkt ist: Die Menschen, die hierher kommen, sind begeistert. Von daher war es die richtige Entscheidung."

2. Neue Häuser braucht das Land

Der Bauboom gegen Ende der 1. Dekade des neuen Jahrtausends beflügelte die Fantasie vieler Architekten. Aber auch andere kreative Köpfe, vor allem aus dem Bereich der technischen und energetischen Entwicklung im Hausbau, witterten Morgenluft. Die einen feierten das Comeback der Bauhaus-Architektur, andere sahen das Eigenheim als zukünftige High-Tech-Schaltzentrale, und wieder andere zerbrachen sich die Köpfe über die energetische Problematik beim Hausbau. Einige Visionen sollten bald schon Wirklichkeit werden. Zunächst aber konkurrierten Hunderte von einfallsreichen Entwürfen um die Gunst von Investoren und Bauherren. Viele Projekte wurden bereits im Planungsstadium wieder ad acta gelegt, doch einige Konzepte überzeugten durch ihre Intelligenz, Ästhetik und Originalität. Auch bei WeberHaus zeigte man ein generelles Interesse an bestimmten innovativen Konzepten und ließ sich auf das Wagnis ein, diese in der Realität zu erproben. Frei nach dem Motto: Neue Häuser braucht das Land.

2.1 „Option" – klein aber fein

Seit 1995 findet in Garmisch-Partenkirchen das „Internationale Holzbau-Forum" statt, ein Treffpunkt für Wissenschaftler, Architekten und Praktiker der Branche. Auf der Tagung im Dezember 2001 stellte Marco Ryter, Chef des Schweizer Architekturbüros „bauart", sein „Small house" vor, ein von ihm selbst entworfenes rechteckiges, zweigeschossiges, knapp 70 Quadratmeter großes Wohnhaus. Unter den Zuhörern befand sich auch der damalige Geschäftsführer von WeberHaus, Dr. Ralph Mühleck. Wieder zurück in Linx zeigte dieser Hans Weber begeistert die Bilder von „Small house“. Mit des Chefs eher sarkastischem Kommentar, dass das kein Haus sei, schien die Sache eigentlich geklärt. Doch Dr. Ralph Mühleck ließ die Idee nicht mehr los. Diese zukunftsweisende Architektur war damals in Deutschland noch nicht zu finden. Also begann – mehr oder weniger im Geheimen – ein kleines WeberHaus-Team unter Führung von Stephan Weißhuhn und dem Büro „bauart“, das „Small house“ zu überarbeiten. Zum einen musste es auf die Produktionsbedingungen der Firma ausgerichtet, zum anderen den deutschen Bauvorschriften angepasst werden. Irgendwann gab es dann Pläne, Zeichnungen und ein Modell. Um sich vom Ur-Entwurf „Small house“ abzugrenzen, der in der

Das Haus „Option“ mit seinem ungewöhnlichen Design kann vielfältig variiert werden

Schweiz schon bekannt war, nannte man das neu entstandene Haus „Option“: ein Haus, das viele Optionen, also Wahlmöglichkeiten, bot, sei es in der Nutzung als Wohn- oder Ferienhaus, als Büro oder Atelier oder auch in Bezug auf die Größe.

Jetzt ging es darum, ein solches Haus auch tatsächlich zu bauen. Was lag da näher, als das im eigenen Ausstellungspark, in der „World of Living“ in Linx, zu tun. Vorher galt es, eine ausführliche Diskussion mit Hans Weber zu führen und ihn zu überzeugen. 2003 wurde für das erste „Option“-Haus Richtfest gefeiert. Hans Weber ließ es sich nun nicht nehmen, selbst den Richtspruch zu zelebrieren. Seine damalige Bemerkung, man hätte ihn als Zimmermann seinerzeit weggejagt, wenn er ein solches Haus mit Flachdach und ohne Dachüberstand gebaut hätte, war in Anbetracht dessen, wie die Allgemeinheit auf „Option“ reagierte, schnell vergessen. Denn der Entwurf wurde ein echter PR-Erfolg in der Geschichte von WeberHaus. Es erschienen unzählige Artikel und mehr als zehn Bücher in vier Sprachen, in denen dieses Haus besprochen und gezeigt wurde. Sogar zwei Preise heimste es ein. Ein wirtschaftlicher Erfolg jedoch war ihm leider nicht beschieden.

2.2 Das T-Com-Haus

Mit „Option“ bewies WeberHaus in diesen Jahren seine Innovationskraft und damit die Herausforderungen der wirtschaftlichen Gegenwart und der technischen Zukunft zu meistern. Doch es kam noch besser. Ein anderes Haus wurde kurz darauf als „Das klügste Haus der Welt“ vom „Berliner Kurier“ betitelt, während die Zeitschrift „Haus und Garten“ begeistert über „So werden wir wohnen“ berichtete. Gemeint ist das so genannte T-Com-Haus, das die Projektpartner WeberHaus, T-Com, Siemens und Neckermann im Frühjahr 2005 an den Start brachten. Ziel des High-Tech-Projekts war, ein „intelligentes Haus“ zu schaffen, das sich mit Hilfe modernster Technik seinen Bewohnern anpasst. Ab 1. März 2005 demonstrierten die Macher des T-Com-Hauses auf 240 Quadratmetern mitten in der

Berliner City, welche Möglichkeiten die Breitbandtechnologie im privaten Haushalt bietet. Herz des Hauses war ein elektronisches System mit bedienungsfreundlicher Benutzerführung, das Kommunikation und Technik zentral steuerte.

Bis das T-Com-Haus im Juli 2006 seine Pforten wieder schloss, hatten Zehntausende von Interessierten, darunter viele Prominente, es bewundert. Der FC Bayern „bezog" das T-Com-Haus gleich in Mannschaftsstärke, und zwar einen Tag nach dem Gewinn der Deutschen Meisterschaft 2006. Alle großen und aktuellen Fernsehsender berichteten während der Projektphase über das revolutionäre High-Tech-Haus und die Möglichkeiten des modernen Hausbaus. Nicht Vielen dürfte auf den ersten Blick aufgefallen sein, dass es sich bei diesem modernen Heim der Zukunft um ein in Holzrahmenbauweise hergestelltes Gebäude handelte. Denn nach wie vor gilt – und die-

Das T-Com-Haus passt sich mit Hilfe modernster Technik seinen Bewohnern an

Die Gebäudehüllen ÖvoNatur und ÖvoNaturTherm

Die Außenwand ÖvoNatur ist Standard in jedem Weber-Haus. Die exklusiv für das Unternehmen produzierte, in mehreren Testreihen umfassend geprüfte ökologische Gebäudehülle schützt vor Hitze, Kälte, Lärm und Feuer. Trotzdem ist sie atmungsaktiv und damit Garant für ein natürliches Wohnklima. ÖvoNatur unterschreitet durch ihren Aufbau die Mindestanforderungen der Energieeinsparverordnung (EnEV 2014) bei weitem. Die Hauswand ÖvoNaturTherm wiederum ist eine Weiterentwicklung und erreicht sogar einen U-Wert von 0,12 W/m²K.

Gefertigt wird ÖvoNatur fast ausschließlich aus ökologischen Stoffen. Die Basis des Wandaufbaus ist der nachwachsende Rohstoff Holz, und zwar ausschließlich naturbelassenes Fichtenholz. Zur Außenseite hin sorgen neben Putz und Armierung eine 10 cm dicke Holzfaserplatte (ÖvoNaturTherm 16 cm Stärke) und ein 16 cm massives Holzständerwerk für Stabilität und die Füllung mit Mineralwolle für die guten Dämmeigenschaften. Abgeschlossen wird das Holzständerwerk durch eine 16 mm Holzwerkstoffplatte. Eine Gipskartonplatte an der Innenseite garantiert ein gesundes Raumklima. Ein besonderes Dampfbremsvlies zwischen der Holz- und der Gipsplatte verhindert das Diffundieren von Wasserdampf aus dem Innenraum in die Wärmedämmung. So bleibt das Dämmmaterial trocken. Die ca. 30 cm (ÖvoNaturTherm ca. 36 cm) dicke Wand sorgt das ganze Jahr über für ein angenehmes Wohngefühl. Auch für den Dachaufbau mit seinen 24 cm hohen Sparren gelten die Prinzipien der ÖvoNatur-Außenwand. Ein U-Wert von 0,15 W/m²K ist auch hier inzwischen Standard.

Mit der Außenhülle ÖvoNatur werden je nach Wahl der Heizungsanlage die Kriterien für ein KfW-Effizienzhaus 55 oder ein WeberHaus PlusEnergie erreicht. Die Außenwand ÖvoNaturTherm mit ihren noch besseren Dämmeigenschaften wird in Passivhäusern oder KfW-Effizienzhäusern 40 verbaut.

ses Prinzip ist längst zur Handlungsmaxime von WeberHaus geworden –, dass das natürliche Material Holz für ein gesundes, behagliches Wohnklima sorgt und einen ökologisch hochwertigen „Stoff" darstellt.

Die Deutsche Telekom war von dem Haus in Berlin so fasziniert, dass sie kurzfristig beschloss, ein ähnliches Haus für die CeBIT in Hannover zu bauen. Ein Haus als Messestand? Auf- und Abbau für nur sieben Tage Messe? Selbstverständlich! Denn wenn man mit so einer Idee die einmalige Chance erhält, ein Haus unter einem der weltweit beeindruckendsten Holzbauwerke, dem Expo-Dach in Hannover, zu bauen und zu zeigen, dann ist schnell die ganze Firma motiviert. Und so sind es häufig gerade die „Mittelständler" mit ihrem Engagement und ihrer Innovationskraft, die besonders kreative und originelle Projekte realisieren. Weniger als vier Monate waren von der Idee bis zur Eröffnung der Messe vergangen. Und es hatte funktioniert.

2.3 WeberHaus PlusEnergie-Konzept

Wieder einmal war eine Kooperation die Initialzündung für einen weiteren richtungweisenden Schritt im energetisch optimierten Hausbau. Die Badenia Bausparkasse suchte für ihre Präsentation zum 75-jährigen Jubiläum ein „ganz besonderes Haus", zumal das Thema Energie inzwischen zum Dauerbrenner der ganzen Hausbaubranche geworden war. Jeden Monat gab es neue Meldungen, die auf eine weitere Energiereduzierung hinwiesen.

Warum also nicht an einem noch innovativeren Energie-Konzept arbeiten! Mit der neuen Außenwand ÖvoNatur hatte WeberHaus bereits ein echtes Highlight entwickelt: „Damit muss es doch möglich sein, ein Haus zu bauen, das mehr Energie gewinnt, als es braucht", zeigte sich Marketingleiter Klaus-Dieter Schwendemann überzeugt. Und tatsächlich waren die entsprechenden technischen Komponenten bald gefunden.

Eine Erdwärmepumpe deckte den kompletten Wärmebedarf des Hauses und stellte die Warmwasserversorgung sicher. Mit dieser Technik wurde der Energiebedarf noch einmal um etwa den Faktor 4 reduziert. Die jetzt noch benötigte Energie, vor allem für die Pumpen, wurde mit einer auf dem Dach installierten Photovoltaik-Anlage gewonnen. Da die Heizungsanlage weniger Strom verbrauchte, als die Photovoltaik-Anlage produzierte, konnte die Badenia Bausparkasse im Frühjahr 2006 mit einem echten „PlusEnergiehaus" als Hauptgewinn auftrumpfen.

Damit war WeberHaus der erste Fertighausbauer, der mit einem ausgeklügelten Architektur- und Heiztechnikkonzept die marktreife Lösung eines PlusEnergie-Hauses anbieten konnte. Hans Weber freut sich heute noch „über die vielen Häuser, die bereits nach dem neuen PlusEnergie-Konzept gebaut wurden. Einige Bauherren rüsteten nach ihrem Einzug noch eine Photovoltaik-Anlage, idealerweise um eine Speicherbatterie ergänzt, nach und machten das Haus damit auch zum Energiegewinner. Es ist ein schönes Gefühl, in dieser Form einen aktiven Beitrag zur Erhaltung des Erdklimas zu leisten."

Hans Weber zog zum Ende des Jahrzehnts ein ebenso realistisches wie optimistisches Fazit: „Ein Unternehmen, das so lange existiert, ist einem ständigen Auf und Ab ausgesetzt. Es gibt immer wieder gute Zeiten und ebenso schlechte Zeiten. Diese jeweils rechtzeitig zu erkennen und für das Unternehmen das Beste daraus zu machen, war für mich stets die größte Herausforderung. Aus so manchem Flop haben wir die besten Lektionen gelernt."

Das neue Jahrtausend: Die 2. Dekade

2010	24.07.	Bei der Loveparade in Duisburg kommt es zu einem panischen Gedränge unter den Besuchern, in dessen Folge 21 Menschen sterben
2011		In der arabischen Welt kündigt sich ein politischer Umbruch an, eingeleitet von ersten Protesten Ende 2010 in Tunesien
	11.03.	Ein Erdbeben in Japan verursacht bis zu 23 Meter hohe Tsunamiwellen. Diese führen zur Verwüstung vieler Küstenorte sowie zum Ausfall der Kühlsysteme mehrerer japanischer Kernkraftwerke und der Nuklearkatastrophe von Fukushima
2012		Nach Tunesien, Libyen und Ägypten fordern auch die Menschen in Syrien politische Freiheit. Der eskalierende Kampf zwischen den Regierungstruppen und den Rebellen fordert Tausende Opfer
2013	28.02.	Papst Benedikt XVI. kündigt seinen Rücktritt an, sein Nachfolger wird Papst Franziskus, der Argentinier Jorge Mario Bergoglio SJ
	03.10.	Vor der italienischen Insel Lampedusa ertrinken mehr als 100 Flüchtlinge bei einem Bootsunglück
	ab Juni	Edward Snowden enthüllt, wie die USA und England seit 2007 verdachtsunabhängig die weltweite Telekommunikation überwachen – die so genannte NSA-Affäre beginnt
2014	13.03.	Uli Hoeneß, der Präsident und Aufsichtsratschef des FC Bayern München, wird zu dreieinhalb Jahren Haft wegen Steuerhinterziehung verurteilt
	29.06.	Die Terrormiliz „Islamischer Staat“ (IS) ruft in Syrien und im Irak das Kalifat aus
	13.07.	Deutschland wird in Brasilien zum vierten Mal Fußballweltmeister
2015	07.01.	Bei einem Terroranschlag auf das Büro des Satire-Magazin „Charlie Hebdo“ in Paris sterben zwölf Menschen
	24.03.	Beim vorsätzlichen Absturz einer Germanwings-Maschine in den französischen Alpen sterben 150 Menschen
	08.12.	Die Flüchtlingskrise in Deutschland spitzt sich zu. Der Millionste Flüchtling wird registriert
2016	21.04.	Queen Elizabeth II. feiert ihren 90. Geburtstag
	23.06.	„Brexit“: Die Briten entscheiden sich per Referendum für den Ausstieg ihres Landes aus der europäischen Union

Das neue Jahrtausend: Die 2. Dekade

In unsicheren Zeiten streben Menschen nach Sicherheit – und Immobilieneigentum bedeutet Sicherheit. Durch die niedrigen Zinsen der letzten Jahre begünstigt, entwickelte sich der Markt für Eigenheime in Deutschland prächtig. Im Jahre 2010 legte die Branche glänzende Zahlen vor: Über 13.000 Ein- und Zweifamilienhäuser wurden bundesweit in Fertigbauweise erstellt, das heißt 9,3 Prozent mehr als im Vorjahr. Jedes siebte neu gebaute Haus in der Bundesrepublik – bei insgesamt 86.612 Baugenehmigungen – war ein Fertighaus. 2010, im Jahr des 50-jährigen Bestehens, wurde das 30.000. WeberHaus gebaut. Das Unternehmen arbeitete an seiner Kapazitätsgrenze.

Neben dem Bedürfnis nach Sicherheit und Eigentum ist noch ein weiterer Trend zu beobachten: Die Gesellschaft legt gesteigerten Wert auf Gesundheit und Fitness. Die Lebensweise im Einklang mit der Umwelt erfasst zunehmend alle Lebensbereiche. Dabei richtet sich die Aufmerksamkeit nicht nur auf die tägliche Nahrungsaufnahme, sondern auch auf die Materialien im persönlichen Wohnumfeld, wo man den Großteil der Zeit seines Lebens zubringt. Komfortabel zu wohnen, bedeutet heute auch, gesund und ökologisch zu leben und zu bauen. WeberHaus unterwirft sich deshalb strengen Qualitätskontrollen bei Baustoffen und Raumklima.

Bei der Verarbeitung der Materialien und Ausstattung der Häuser lässt man unabhängige Institute die Gesundheits- und Sicherheitswirkungen prüfen und zertifizieren. Seit 2003 entsprechen sowohl die WeberHaus-Außenwand als auch die Dachkonstruktion dem strengen MINERGIE®-Standard für Gebäudemodule. WeberHaus ist außerdem Mitglied der Qualitätsgemeinschaft Deutscher Fertigbau (QDF), die ihre Mitglieder zu strengen Kontrollen verpflichtet und das (Mo)RAL-Gütezeichen vergibt. Viele weitere Zertifizierungen, auch in Einzelbereichen, zeichnen die Weber-Häuser heute aus.

Als einer der ersten Fertighaushersteller in Deutschland hat WeberHaus die CE-Kennzeichnung der Europäischen Union erhalten, die die Übereinstimmung mit den EU-Richtlinien bestätigt. Sie legt einheitliche Qualitätsstandards, zum Beispiel für Sicherheit und Gesundheit, fest und macht damit Produkte für den Verbraucher besser vergleichbar. Mit der CE-Kennzeichnung dürfen Weber-Häuser ohne weitere Prüfung in alle Länder des europäischen Wirtschaftsraumes verkauft werden. Die Zertifizierung wird deshalb häufig als „Reisepass" für den europäischen Binnenmarkt bezeichnet.

Holz ist und bleibt auch im neuen Jahrtausend die Seele eines jeden Weber-Hauses. Die tragende Konstruktion wird komplett aus Holz gefertigt, dem ältesten und zugleich modernsten Baustoff der Menschheit. Wenn im nächsten Schritt die Zwischenräume mit Dämmmaterial gefüllt und mit Holzwerkstoffplatten geschlossen werden, garantiert diese Kombination der Materialien weiterhin beste Ergebnisse in der Wärme- und Schalldämmung, im Brandschutz und beim Raumklima. Für WeberHaus eigentlich nichts Neues, denn schließlich hat man seit einem halben Jahrhundert auf diese Weise Häuser gebaut. Heute sind die Erfahrungen dieser Jahre in die Fertigung eingeflossen, und neue Entwicklungen sorgen für noch mehr Nachhaltigkeit und Effizienz. Dazu trägt seit 2006 in besonderer Weise die Außenwand ÖvoNatur bei, die als Standard in alle Weber-Häuser eingebaut wird. Dieses Wandsystem wird nahezu ausschließlich aus ökologischen, also in der Natur vorhandenen, nachwachsenden Stoffen gefertigt. Die Weiterentwicklung dieser Wand heißt ÖvoNaturTherm und hat noch bessere Dämmeigenschaften. Sie wird in Passivhäusern oder KfW-Effizienzhäusern 40-Standard verbaut (siehe Infokasten auf Seite 143).

Wenn es um die Förderprogramme der Kreditanstalt für Wiederaufbau (KfW) geht, unterstützt WeberHaus seine Kunden. Grundlage ist die Energieeinsparverordnung der Bundesregierung (EnEV, zuletzt aus dem Jahr 2014 mit den erhöhten Anforderungen aus dem Jahr 2016), deren Ziel es ist, den CO_2-Ausstoß zu reduzieren sowie weitere Energieeinsparungen zu begünstigen. Voraussetzung für die Förderung zum Beispiel der KfW-Effizienzhäuser 55 oder 40 ist, dass die Kombination aus Gebäudehülle und Anlagentechnik den daraus resultierenden Primärenergiebedarf auf 55 oder

40 Prozent des maximalen Jahresprimärenergiebedarfs nach EnEV 2014 begrenzt.

Inzwischen ist bei WeberHaus das Effizienzhaus 55 Standard. Mit der Außenwand ÖvoNatur, einer 3-Scheiben-Wärmeschutzverglasung, gedämmter Bodenplatte und innovativer Heiztechnik können diese Vorgaben der EnEV 2014 (auch mit den erhöhten Anforderungen ab 2016) ab Werk eingehalten werden. Ein entsprechendes Gutachten eines Sachverständigen, das für die Förderung erforderlich ist, dokumentiert und bestätigt die vorzüglichen Wärmedämmeigenschaften.

Auch die Heiztechnik entwickelt sich rasant. So gibt es heute viele umweltfreundliche Energiekonzepte, die nicht nur innovativ sind, sondern sich zum Teil miteinander kombinieren lassen. Die Gas- und Öl-Brennwerttechnik wird von WeberHaus-Kunden kaum noch nachgefragt. Wärmepumpen in unterschiedlichsten Varianten wie Lüftungsheizungen oder Luft-Wasser-Wärmepumpen haben sich etabliert. Jedes Haus wird auf die Bedürfnisse des einzelnen Kunden und die örtlichen Besonderheiten abgestimmt. Eine Photovoltaikanlage ist meist ökologisch sinnvoll und vervollständigt den Mix aus optimaler Gebäudehülle, energieeffizienter Heizung und der eigenen Stromproduktion auf dem Dach. So entfällt der Schornstein und der Kunde wird unabhängig von Öl-, Gas- und Strompreisschwankungen.

1. generation5.0 – das intelligente Haus

Das runde Jubiläum von WeberHaus im Jahr 2010 war auch gleichzeitig der Geburtstag einer neuen Baureihe. Ihr Name: generation5.0, die innovative Technik mit den Vorteilen eines PlusEnergie-Hauses verbindet. generation5.0 verfügt über eine optimale Gebäudehülle zum Schutz vor Wärmeverlusten (ÖvoNatur). Eine auf dem Dach installierte Photovoltaik-Anlage erzeugt regenerativen Strom, der die Heiz- und Haustechnik mit Energie versorgt. Dazu kommt eine innovative Wärmegewinnung als Teil des nachhaltigen Konzepts. Dafür bieten sich heute viele Möglichkeiten an: von Holzpelletheizungen über Wärmepumpen und solarthermische Anlagen bis hin zu einer Frischluft-Wärmetechnik-Heizung.

Das herausragende Merkmal der Baureihe generation5.0 ist jedoch das visionäre Gebäude- und Energiemanagement. Die durch die Photovoltaik-Anlage erzeugte Energie und die Stromverbraucher – zum Beispiel Warmwassererzeugung, Waschmaschine oder Heizung – sind miteinander vernetzt und werden automatisch gesteuert. Ziel ist es, den Energiebedarf aus dem öffentlichen Netz auf ein Minimum abzusenken.

Überschüssige Energie wird in Hochleistungsakkus gespeichert und, sobald die Bewohner zusätzliche Energieverbraucher einschalten, wieder abgerufen. Selbst eine Steckdose für die Aufladung des Elektroautos im Carport gibt es. Wird mehr Energie produziert als benötigt und sind die Akkus entsprechend geladen, wird der Strom

generation5.0 – das Ausstellungshaus zum 50-jährigen Firmenjubiläum

Heidi und Hans Weber, Sibel Sagdic (Repräsentantin von „Land der Ideen") und Laudator Horst Glaser (Deutsche Bank)

ins öffentliche Netz eingespeist und vergütet. Über das Jahr gerechnet wird bei einer vierköpfigen Familie mehr Energie eingespeist als aus dem öffentlichen Netz entnommen.

Bereits im Jahr 2011 präsentierte WeberHaus eine technisch noch ausgefeiltere Variante der generation5.0 in der Fertighauswelt in Köln. Der Clou des Gebäudes: Eine konventionelle Heizung gibt es bei dieser High-Tech-Innovation gar nicht mehr. Es kommt vielmehr die so genannte Frischluftwärmetechnik zum Einsatz. Die Anlage misst permanent den CO_2-Gehalt der Innenluft und erneuert alle zwei Stunden die komplette Raumluft im Haus. Die gesamte Technik sowie sämtliche elektrischen Verbraucher können zentral über ein Panel interaktiv gesteuert werden.

So viel Intelligenz muss belohnt werden, dachte sich wohl auch die Fachjury im Rahmen des deutschen Fertighauspreises und verlieh WeberHaus 2011 den begehrten Cube in der Kategorie Technik. Die Fertighausspezialisten würdigten das Haus generation5.0 insbesonde-

WeberLogic: Das Haus wird zum Smart Home

Wer kennt sie nicht, die abendliche Überwachungsrunde vor dem Zubettgehen. Sind alle Lichter aus, die Fenster und Rollläden geschlossen, ist die Markise eingerollt? Alles wird noch einmal kontrolliert.

Dieses zeitraubende Szenario gehört ab sofort der Vergangenheit an. Der Hausbesitzer von heute sitzt bequem auf seinem Sofa, greift zum Tablet und wählt beim Haussteuerungsprogramm den Modus „Gute Nacht". Wie von Geisterhand senken sich Jalousien und Rollläden, die Markise wird eingefahren, und die Lichter gehen aus. Möglich wird dies durch die Haussteuerung WeberLogic in Verbindung mit myHomeControl.

Damit wird das Zuhause zum komfortablen Smart Home. Das innovative System basiert auf der batterielosen und wartungsfreien EnOcean-Funktechnologie. WeberHaus-Produktmanager Holger Heid, Spezialist im Bereich Haustechnik: „EnOcean ist das einzige System, das über Energy Harvesting funktioniert, das heißt, es nimmt Energie aus der Umgebung – Temperatur, Sonnenlicht oder Kinetik – auf. Bei einem Lichttaster bzw. -sensor reicht allein der Druck mit dem Finger aus, um ein Signal abzugeben. Dies spart eine komplizierte Verkabelung, ist extrem langlebig, nachhaltig und umweltfreundlich. So wird unter anderem der Elektrosmog im Raum um ein Hundertfaches reduziert."

Das gleiche Prinzip lässt sich selbstverständlich auch auf Steckdosen übertragen. Wer empfindlich auf Elektrosmog reagiert, kann mit einem „Touch" den aktiven Strom ausschalten, so dass in den einzelnen Räumen keine Spannung mehr messbar ist. Die kabellosen, stromunabhängigen Schalter können überall im Haus flexibel montiert werden – egal ob an Schränken und Türen oder als Panikschalter am Nachttisch. Bei Verdacht auf Einbrecher oder in einem Notfall kann die gesamte Hausbeleuchtung mit einem Knopfdruck angeschaltet und die Jalousien hochgefahren werden.

Mit WeberLogic lässt sich die Temperatur in jedem einzelnen Raum energiesparend und bequem regulieren. In Abhängigkeit der Innen- und Außentemperatur bleiben im Winter bei Sonneneinstrahlung die Jalousien offen, während sie im Sommer automatisch beschatten. Mit eigens programmierbaren Dimmer- und Lichtszenarien kann jeder seine ganz individuelle Wunschbeleuchtung im Haus steuern.

Ein weiterer Aspekt, der insbesondere den Hausherrinnen am Herzen liegt, ist das Thema Sicherheit. Auch sie wird bei WeberLogic großgeschrieben. Neben der erwähnten Panikfunktion gibt es an der Haustürinnenseite einen Taster, der alle Lichter und vordefinierten schaltbaren Steckdosen beim Verlassen des Hauses ausschaltet. Eine Anzeige informiert über geöffnete Fenster und Türen, bei Fehlfunktionen oder Einbruch erfolgt eine Warnmeldung auf das Smartphone. Dank einer Verbrauchsüberwachung kann durch automatisches Zu- und Abschalten von einzelnen Verbrauchern zusätzlich Energie gespart werden. Das alles leistet seinen Beitrag dazu, den Wohnkomfort noch weiter zu steigern.

Alle Funktionen lassen sich auch bequem von unterwegs durch den Fernzugriff per Tablet oder Smartphone bedienen. Sind die Rollos geschlossen, ist es warm genug im Bad und im Wohnzimmer, ist das Licht im Keller aus? Ein Blick aufs Handy oder Tablet beantwortet nun alle Fragen sofort, und wenn es Handlungsbedarf gibt, dann reicht eben ein „Touch".

Übrigens: Auch später kann die Situation im Haus flexibel nach den individuellen Wünschen und Bedürfnissen angepasst werden. Ganz ohne das Verlegen von Kabeln oder einen großen Umbau.

Die Zeitschrift CONNECTED HOME lobte 2014 erstmals bei den magazineigenen Awards die Kategorie „Smarte Fertighäuser" aus. Von null auf hundert gelang WeberHaus der Sprung aufs Siegertreppchen: Platz 1 für die Smart Homes.

Technik, die Spaß macht: Über das WeberLogic-Touchpanel wird die gesamte Haustechnik gesteuert

re für das WeberHaus PlusEnergie-Konzept, die ebenso intelligente wie zukunftsweisende Haussteuerung und das sehr gute Preis-Leistungs-Verhältnis. Darüber hinaus wurde Anfang 2012 mit dem Ausstellungshaus Köln das WeberHaus PlusEnergie-Konzept im Wettbewerb „365 Orte im Land der Ideen“ als Preisträger gekürt.

2. generation5.5 – effizient, flexibel, smart

Was erwartet ein Bauherr von seinem Traumhaus? Zum einen muss es zu seinem individuellen Leben passen und deshalb möglichst flexibel sein. Zum anderen muss es Ressourcen, das heißt vor allem die Umwelt, aber auch den Geldbeutel schonen. Und last but not least sollte es selbstverständlich ein echter Hingucker sein. Genau dieses Haus schenkte WeberHaus sich und seinen Kunden zum 55-jährigen Firmenjubiläum im Jahr 2015: die generation5.5.

Das PlusEnergie-Konzept von WeberHaus verknüpft Wohnen mit zukunftsweisender Elektromobilität

Mit dieser Baureihe hat WeberHaus die generation5.0, die seit ihrer Einführung fünf Jahre zuvor von der Architektur über die Dämmung bis hin zur Haus- und Heiztechnik Maßstäbe für das heutige PlusEnergie-Haus setzte, noch einmal verbessert. Die generation5.5 ist noch effizienter, flexibler und smarter als das Vorgängermodell. Sie verbindet modernes, reduziertes Design mit innovativer Haus- und Solartechnologie und einer Variantenvielfalt, die sich jedem Lebenskonzept flexibel anpassen lässt. Intelligenter sind Komfort und Energieeffizienz kaum zu kombinieren.

Was genau hat die generation5.5, was 5.0 nicht hatte? Zum Beispiel eine Heizwärme-Ersparnis von noch einmal 50 Prozent. Doch damit nicht genug. Ein neuer Hybrid-Sonnenspeicher steigert den Eigennutzungsgrad auf bis zu 90 Prozent. In Sekundenschnelle lässt sich zwischen Stromnetz und Speicherbatterie umschalten. Die visionärste Stromnutzung ist dabei natürlich die hauseigene Solartankstelle für das Elektroauto oder E-Bike. Zusammen mit der innovativen Haussteuerung WeberLogic präsentiert sich die generation5.5 als nahezu energieautarkes Smart Home. Ein Haus, das die Welt verändert.

Dabei ist das zukunftsweisende Energiemanagement nur ein Vorteil der Baureihe. Der andere ist die enorme Varianten-Vielfalt der generation5.5. Mit drei Hausgrößen – 100, 200 und 300 – haben Bauherren bereits eine erste Auswahl. Hinzu kommen zahlreiche Grundriss- und Dachvarianten, die Möglichkeit von Voll- und Halbgeschossen, eines Anbaus sowie die absolut flexible Anordnung der Zimmer. Per Grundriss-Konfigurator können Interessenten unter www.weberhaus.de online bereits durchspielen, welcher Grundriss am besten zu ihnen passt.

3. Wohnen im Alter: ebenLeben

Nach den Daten des Statistischen Bundesamtes sind schon heute rund 21 Prozent der deutschen Bevölkerung 65 Jahre oder älter, in 20 Jahren werden es rund 30 Prozent sein. Der demografische Wandel der Gesellschaft stellt insbesondere die Bauwirtschaft vor große Herausforderungen. Denn die zunehmende Lebensdauer führt logischerweise zu veränderten Anforderungen an den Wohnraum. Das hat auch das Bundesministerium für Familie, Senioren, Frauen und Jugend erkannt und erklärte unlängst: „Der Bedarf an altersgerechten Wohnungen ist sowohl aktuell als auch zukünftig deutlich höher zu veranschlagen, als die vorhandenen 0,5 Millionen weitgehend barrierefreien Wohneinheiten, in denen ältere Menschen leben." Das Ministerium spricht in diesem Zusammenhang von einem zusätzlichen Bedarf von rund drei Millionen Wohneinheiten bis zum Jahr 2020. Hinzu kommt eine noch nicht bezifferbare Nachfrage nach zusätzlichem Wohnraum durch die ins Land strömenden Flüchtlinge.

Nun ist die zügige Modernisierung von Bestandsimmobilien eine Möglichkeit, allerdings eine recht kostspielige. Hinzu kommt, dass störende Schwellen nicht das einzige Problem sind. Mit zunehmendem Alter verändern sich auch Lebensstil und Bedürfnisse. Die

Das völlig neue Haus- und Wohnkonzept „ebenLeben"

Kinder sind erwachsen und längst ausgezogen, das Haus ist für zwei Personen zu groß geworden. Hausarzt und Lebensmittelgeschäfte sind zu weit entfernt und die Haustechnik noch aus dem vorigen Jahrhundert. Gründe genug, noch einmal neu zu bauen. Hans Weber: „Viele unserer Kunden sind dazu auch noch mit 70 oder 80 Jahren bereit."

Unter anderem für diese aktiven Menschen der Generation 50plus hat WeberHaus ebenLeben entwickelt. Im Mittelpunkt des Wohnkonzepts steht ein frei geplanter, lichter Winkel-Bungalow in Bauhaus-Optik mit rahmenlosen bodentiefen Glasschiebetüren, in dem sich das Leben komplett auf einer Ebene abspielt. Dem Thema Barrierefreiheit wird mit der Vermeidung von Treppenstufen, extra breiten Türen, offenen und somit rollstuhlgerechten Räumen, einem ebenerdigen Zugang zur Dusche sowie einem schwellenlosen Zugang zur Terrasse Rechnung getragen.

Übrigens: Das ebenLeben-Prinzip lässt sich auch auf mehrgeschossige Häuser übertragen, indem die einzelnen Etagen durch einen Fahrstuhl verbunden werden. WeberHaus-Marketingleiter Klaus-Dieter Schwendemann: „Dieses Wohnkonzept ist aber nicht nur für die so genannte Generation 50plus gedacht. Denn uns begegnen häufig junge Baufamilien, die schon heute weit voraus denken und Wert auf ein zukunftsfähiges Haus legen, in dem sie möglichst lange mit allen Annehmlichkeiten eigenverantwortlich leben können. Alles, was dem Bobby Car eines Zweijährigen gut tut, das tut auch einem Rollstuhl gut. So kann die junge Familie schon heute davon profitieren, was sich auch im Alter bestens nutzen lässt."

4. Hoch hinaus: WeberHaus Objektbau

Freie Bauflächen werden vor allem in Ballungsräumen immer knapper – und teurer. Die Folge: Häuser wachsen nach oben. Das ist platzsparend und zweifellos zukunftsträchtig. WeberHaus erkannte diese Entwicklung schon früh und gehört zu den ersten Bauunternehmen in Deutschland, die mehrgeschossige Häuser in Holzbauweise anbieten.

WIGWAM

Zusammen ist man weniger allein! Das dachten sich sechs resolute Frauen aus Reutlingen und machten ihren Traum vom selbstbestimmten Wohnen im Alter wahr. „WIGWAM“ tauften sie ihr ehrgeiziges Projekt: „Wohnen in Gemeinschaft. Wertschätzend. Achtsam. Miteinander“, gründeten eine GmbH und begaben sich auf die Suche nach passendem Wohnraum. Vergeblich. Kein Altbau konnte den Ansprüchen der Frauen gerecht werden. Einige der Damen präferierten eine WG, die anderen wiederum legten Wert auf eine eigene Wohnung, aber innerhalb einer Hausgemeinschaft. Irgendwann erkannten alle Beteiligten, dass ein Neubau mit seinen individuellen Gestaltungsmöglichkeiten wohl der einzige Weg sei, die Interessen aller unter einen Hut zu bringen. Realisiert haben dann die Frauen ihre Idee einer etwas anderen Wohngemeinschaft zusammen mit WeberHaus als Baupartner. Eine Herausforderung für alle Beteiligten.

Entstanden ist ein dreigeschossiges Haus mit insgesamt acht Wohneinheiten (eine große Wohnung für die WG und sieben Single-Wohnungen), das mit einer Wohnfläche von insgesamt 511 Quadratmetern genügend Platz für die Frauen und noch einige Mitbewohner bietet. Alle Wohnungen sind barrierefrei, außerdem wurde an einen Aufzug gedacht, schließlich sind zwei der heutigen Bewohner auf einen Rollstuhl angewiesen.

Die Altersstruktur des Hauses erstreckt sich heute von 26 bis zu 94 Jahren. Jüngster Mitbewohner ist ein Mann, bei der ältesten Mieterin handelt es sich um die Mutter einer der Eigentümerinnen. Sie lebt zusammen mit ihrer Tochter in der Wohngemeinschaftswohnung, die übrigens bei Bedarf später in drei einzelne Wohneinheiten geteilt werden kann.

Begeistert sind die WIGWAM-Pionierinnen insbesondere von der ökologischen Bauweise und der Nachhaltigkeit ihres Traumhauses.

Das Mehrgenerationenprojekt ist rundum geglückt. So geht Wohngemeinschaft heute – und in Zukunft! Und WeberHaus als Dienstleister und Partner ist für alle Anregungen und Ideen von innen und außen offen.

Ein Mehrfamilienhaus in Kehl

Referenzobjekt ist ein fünfgeschossiges Mehrfamilienhaus im badischen Kehl: Ein Pilotprojekt von WeberHaus, das für Aufsehen in der Branche sorgte. Es ist der sichtbare Beweis dafür, dass sich ökologisches Bauen nicht nur auf Einfamilienhäuser beschränken muss. Ganz im Gegenteil. Allen voran ist es der CO_2-neutrale Baustoff Holz, der gegenüber der „steinernen" Konkurrenz entscheidende Vorteile hinsichtlich des Klimaschutzes bietet. Als KfW-Effizienzhaus 55 unterschreitet das fünfgeschossige Gebäude deutlich die

Das neue Verwaltungsgebäude in Linx

derzeitigen gesetzlichen Anforderungen an einen Neubau. Verantwortlich dafür ist in erster Linie die Gebäudehülle mit einem U-Wert von 0,15 W/m^{2}K. Daneben sorgen dreifach wärmeschutzverglaste Fenster für optimale Dämmwerte. Beheizt wird das Mehrfamilienhaus mit einer Holz-Pelletheizung. Ökologisches i-Tüpfelchen ist eine Lüftungsanlage mit dezentralen Lüftern (Zu- und Abluft mit Wärmerückgewinnung) in jeder Wohnung. Das warme Wasser kommt von einer Solaranlage.

Doch wie sieht das WeberHaus-Vorzeigeprodukt von innen aus, das, nebenbei bemerkt, alle relevanten brandschutztechnischen Anforderungen erfüllt? Die Wohnungen sind so konzipiert, dass sie Menschen jeden Alters und in allen Lebenslagen gerecht werden. Ein Fahrstuhl garantiert sowohl Eltern mit kleinen Kindern als auch Rollstuhlfahrern einen barrierefreien Zugang in alle Wohnungen, wobei die beiden im Erdgeschoss gelegenen Einheiten behindertengerecht bzw. barrierearm, also schwellenfrei, ausgestattet sind.

In allen Wohnungen ist WeberLogic auf der Basis der EnOcean-Technologie installiert. So können die Bewohner des Hauses die einzelnen Funktionen der Haussteuerungsanlage bequem und einfach vom Sofa aus steuern, also die Raumtemperaturen regulieren, Jalousien justieren oder Dimmer- und Lichtszenen programmieren. Ganz nach eigenem Gusto.

Das mehrgeschossige Weber-Haus eignet sich gleichermaßen hervorragend als Mehrgenerationenprojekt – eine Wohnform, die heutzutage immer mehr Anhänger findet. Und auch für Investoren und Baugenossenschaften ist die innovative Holzbauweise auf fünf Stockwerken äußerst attraktiv, bringt sie doch alle notwendigen Voraussetzungen für eine Verwendung als Geschäftshaus, Bürogebäude oder sogar als Hotel oder Seniorenresidenz mit sich und darüber hinaus eine hohe Planungs- und Investitionssicherheit. Durch den hohen Grad der Vorfertigung verkürzt sich die Bauzeit für Großprojekte. Das führt zu einer schnelleren Nutzung des Objekts und steigert so die Rentabilität.

Großzügiges Leben auf einer Ebene

5. Architektenhaus: Freiheit ohne Grenzen

So sehr sich jeder Bauherr vom anderen unterscheidet, so heterogen sind auch die Vorstellungen, wie das neue Zuhause aussehen soll. Der eine ist schier begeistert vom vorgeplanten Entwurf einer bestimmten WeberHaus-Baureihe mit der jeweiligen Architektur und Hausausstattung. Der andere schätzt die grenzenlose Freiheit, alles so zu gestalten, wie er es sich vorstellt. Das neue Domizil soll etwas ganz Besonderes sein, eben ein Haus, das es so noch nicht gibt. Ein Unikat, das optisch Maßstäbe setzt und höchsten Ansprüchen gerecht wird – architektonisch wie ökologisch.

Kunden dieser Kategorie sind die „Seelenverwandten" der erfahrenen und kreativen Architekten von WeberHaus, die den jeweiligen Bauherren von Beginn an auf dem Weg zum ultimativen Traumhaus begleiten. Diese als frei geplante „Architektenhäuser" bezeichneten Eigenheime repräsentieren die wohl individuellste Form des Bauens.

Wenn es etwas mehr sein darf: Zwei frei geplante Architektenhäuser mit Poollandschaft

Egal ob Pool, private Wellnessoase, Aufzug, begehbarer Humidor oder eigener Weinkeller: Der Fantasie sind kaum Grenzen gesetzt. Eines der spektakulären Gebäude ziert seit kurzem die „World of Living“ in Rheinau-Linx. Es stellt nur eine von vielen Möglichkeiten dar, wie ein Architektenhaus aussehen kann, welche Ausstattung möglich und welche Energieeffizienz anzustreben ist.

Eine außergewöhnliche Architektur, das Design des Daches und die Gestaltung von Terrasse und Garten sind jedoch nur ein Teil der individuellen Planung. Viele Bauherren denken schon heute an morgen und entschließen sich zu einer altersgerechten Ausstattung ihres Domizils mit schwellenlosen Übergängen, bodenebenen Duschen und extrabreiten Türrahmen. Meist wird bei diesen Häusern der Grundriss bewusst offen gehalten, um großzügige Bewegungsflächen zu bieten.

Naur pur: Der Werkstoff Holz spielt auch bei diesem Architektenhaus eine große Rolle

Was die Relevanz der Energieeffizienz angeht, so profitieren selbstverständlich auch die Bauherren eines frei geplanten Hauses von der Außenwand ÖvoNatur, innovativer Heiztechnik, einer Photovoltaik-Anlage und der Hightech-Haussteuerung von WeberLogic.

Übrigens: Auch die Aufbauzeiten verkürzen sich durch die passgenaue Planung und die Vorfertigung in den Werkstätten von WeberHaus.

Das neuste Traumhaus zum 55-jährigen Jubiläum steht im Ausstellungspark „World of Living"

Mensch und Marke

Die Branche ruft

1987 wurde Hans Weber mit nur einer Gegenstimme zum Präsidenten des Bundesverbandes Deutscher Fertigbau e.V. (BDF) gewählt, nachdem der bisherige Amtsinhaber, Erich Thöring von OKAL, aus Altersgründen nicht mehr kandidierte.

18 Jahre lang sollte der neue Präsident dem Verband vorstehen, eine interessante Zeit für den Firmenchef, der eigentlich schon genug andere Dinge zu tun hatte. Wie es seine Art ist, ging Hans Weber trotzdem mit viel Elan an die neue Aufgabe heran. Und er wirkte nicht im Stillen, sondern verstand sein Amt als Ansporn, zum Wohle des Verbandes und seiner Mitglieder aktiv zu werden. So wurde unter seiner Ägide der bisherige Sitz von Hamburg in die Regierungsstadt Bonn verlegt, wo seinerzeit „die Musik spielte".

Nach diesem Akt ging es sozusagen ans „Eingemachte", anfallende Aufräumarbeiten leistete der neue Präsident höchstpersönlich. Gemeinsam mit den Vorstandsmitgliedern Franz Huf (HUF-Haus) und Manfred Warlich, Geschäftsführer bei BIEN-ZENKER, fuhr Hans Weber nach Hamburg, um die alte Geschäftsstelle aufzulösen. „Außer ein paar verstaubten Ordnern und einem alten Fahrrad wurde uns damals nichts Brauchbares übergeben."

Ein halbes Jahr lang reiste er jeden Samstag nach Bonn, um das neue Büro einzurichten und den notwendigen Schriftverkehr zu regeln. Bei der Verpflichtung von Dirk-Uwe Klaas als neuen Geschäftsführer bewies Hans Weber wieder einmal eine glückliche Hand.

Als nächstes Ziel wurde der Bau eines eigenen Verbandshauses realisiert. Es war ja fast zum Lachen: Wenn die Mitglieder jährlich mehrere tausend Häuser bauten, so musste dieser Hausbau-Verband doch in der Lage sein, sich selbst ein würdiges Gebäude als Sitz zu errichten. Bei dem anschließend ausgelobten Entwurfswettbewerb fiel die Wahl auf die Firma HUF, die dem Verband ein schönes und angemessenes Domizil fertigstellte.

Der neue Präsident machte auch die Erfahrung, sich aus Verbandsräson zurücknehmen zu müssen und das Voranpreschen zu Gunsten des gemeinsamen Auftretens zeitweilig einzustellen. Das fiel dem beherzt agierenden Badener nicht leicht. „Bevor ich Präsident wurde, hatte ich schon einiges anders gemacht als Viele in der Branche. Für einen Firmenchef ist das völlig normal, aber als Präsident, als Vorbild, musste ich mich in die allgemeine Verbandspolitik einordnen. Wir als Firma WeberHaus sind immer nach vorne geprescht und unternahmen Alleingänge. An der Verbandsspitze konnte ich das nicht mehr, da war man eingebunden. Man kann nicht vorpreschen, ohne die anderen zu brüskieren."

Und das ist nun gar nicht seine Art. Nein, dann schon lieber den eigenen Enthusiasmus bremsen und seine Meinung, mit der man vielleicht allein da steht, des Konsenses willen überdenken. Das kostete Überwindung. Immerhin machte Hans Weber „den Job" fast 20 Jahre, dann sollten die „Jungen" ran, und auch die Gesundheit mahnte zu mehr Ruhe. Missen möchte Hans Weber diese Zeit nicht, denn sie „hat mir viel an Wissen gebracht". Politisch wusste man immer, in welche Richtung der Wind wehen würde.

Am 20. November 2004 wurde Hans Weber im Rahmen einer BDF-Mitgliederversammlung in Baden-Baden zum Ehrenpräsidenten des Verbandes ernannt.

1. Die Mitarbeiter – das Fundament von WeberHaus

Bei WeberHaus versucht man aus gutem Grund, die eigenen Leute zu fördern. In sie hat das Unternehmen bereits Know-how investiert und bewährte Leistungen zurückerhalten. Vom Lehrling über den Kolonnenführer bis zum Meister. In allen Abteilungen versucht man überdies, Menschen aus der Gegend in Arbeit und Lohn zu bringen. Doch Viele möchten heute auch einmal etwas anderes sehen und machen. Mit der größeren Mobilität und der Lockerung familiärer Bindungen ist das Verbleiben bei einem Arbeitgeber „fürs ganze Leben" heute seltener geworden. Hans Weber sieht darin keinen Grund zur Klage. Im Gegenteil: „Die Menschheit ist heute insgesamt mobiler. Ich sehe das als Vorteil, wenn jemand die Nase in den Wind steckt und über den Tellerrand schaut."

Trotzdem stößt man bei WeberHaus überall auf „Eigengewächse", Menschen also, die hier ihre Lehre, ihre ersten Berufserfahrungen gemacht haben und weiterhin im Unternehmen geblieben sind. Da kommen teilweise Zeiträume zusammen, die für heutige Verhältnisse geradezu exotisch anmuten. Was bringt sie dazu, 10, 20 oder gar noch mehr Jahre bei dieser Firma zu bleiben, anstatt sich den zitierten Wind um die Nase wehen zu lassen?

Eines der Urgesteine bei WeberHaus, der inzwischen verstorbene Hans Eckert, fing 1968 als Maler an, kam dann in den Kundendienst und war seit 1983 in der Werksinstandhaltung. Er war der 35. Mitarbeiter des Unternehmens und habe, wie der Ruheständler selbst sagte, einen „Super-Arbeitsplatz" gehabt, als Handwerker gutes Geld verdient, einen „spitzenmäßigen" Chef erlebt – aber auch immer seinen eigenen Kopf gehabt. Das fing bei der Anrede des Chefs an und hörte bei den Beschwerden der Kunden auf. So erinnerte er sich an zwei verschiedene Anreden durch seinen Chef: Je nach Lage der Dinge erreichte diesen eine Benachrichtigung auf einem DIN-A4-Blatt mit der Überschrift „Lieber Hans", womit klar war: „Aha, jetzt hat er eine Idee, bei der ich mit muss, um sie zu besprechen." Im zweiten Fall lautete die Anrede „Eckert – wir treffen uns da und da zu dieser und jener Zeit." Da dämmerte es ihm: „Oh je, jetzt hat er etwas entdeckt, was zu meinem Bereich gehört, und es gefällt ihm nicht."

Bei der Arbeit im Kundendienst fühlte sich Hans Eckert oft „zwischen den Stühlen" sitzend, da man immer wieder die nicht immer identischen Wünsche der Bauherren und die Firmeninteressen abwägen musste. Wenn ein Haus übergeben wurde, der Kunde Mängel feststellte und diese aufgrund der Garantie behoben werden mussten, war Hans Eckert mit von der Partie. „Mitunter ist es Kleinzeug gewesen", erzählte er. „Es gibt ja Menschen, die stört die berühmte Fliege an der Wand, andere wiederum sehen über Vieles hinweg." Dass der Umgang mit König Kunde großes Fingerspitzengefühl erforderte, glaubte man gerne. Es sei ihr „Job", den Kunden zufrieden zu machen, hatte Hans Weber als Leitsatz für die Kundendienstmit-

Hans Eckert

arbeiter ausgegeben. Das war die Hauptsache. Der Slogan „Wir würden wieder Weber wählen“ traf in solchen Fällen, wo im wahrsten Sinne des Wortes am Ende wieder alles im Lot war, hundertprozentig zu. Maler wie Hans Eckert und auch die Fliesenleger sind nach Hans Webers Einschätzung ohnehin die „Künstler des Baus.“ Obwohl die Arbeitsaufgaben gleich geblieben sind, haben sich die Anforderungen an die einzelnen Berufsgruppen in den Gewerken zum Teil stark verändert.

Die Fliesenleger zum Beispiel haben heute im Vergleich zu früher alle Hände voll zu tun in einem Neubau. Gefliest wurden in den 60er Jahren eigentlich nur das Badezimmer und vielleicht noch ein Streifen in der Küche über dem Spülbecken. Den Fußboden zierte ein Linoleumboden in einer meist undefinierbaren Erdfarbe. Heute werden in einem Neubau oder in renovierten Häusern Hunderte von Quadratmetern gefliest.

Auch ein Weber'sches Urgestein: Reinhard Heidt war 50 Jahre lang im Unternehmen

Auch Friedrich Ross, Jahrgang 1935 und 43 Jahre bei WeberHaus, gerät noch heute in freudige Erregung, wenn er an seine aktive Zeit denkt. Seinen späteren Chef Hans Weber, der ihn als Zimmermann ins Unternehmen holte, kannte er aus der gemeinsamen Lehrzeit bei der Firma Beik in Rheinbischofsheim. Nach seinem Einstieg bei WeberHaus übernahm er allerlei Zimmererarbeiten und die Lehrlingsausbildung, bevor er 1974 ins Büro zur Arbeitsvorbereitung wechselte. Die Anfangszeiten der Firma, als man noch hauptsächlich die Zimmerei betrieb und nur wenige Fertighäuser im Jahr aufbaute, laufen noch heute wie ein lebhafter Film vor seinem geistigen Auge ab. Es seien gute Zeiten gewesen, obwohl nicht nur acht Stunden am Tag und auch samstags gearbeitet wurde. „Zehn Stunden am Bau, abends habe ich die Fachbücher herausgeholt und mich durchgewurschtelt, damit ich den Leuten am nächsten Morgen sagen konnte, wie es weitergeht." Die Leute – das waren Bauern aus dem Ort, die froh waren, wenn sie sich beim Aufrichten der Weber-Häuser etwas dazu verdienen konnten. Dass man die Innovation Fertighaustechnik belächelte und das noch nicht verkleidete Ständerwerkhaus nicht selten als „Baracke" verunglimpfte, konnte auch Friedrich Ross nicht erschüttern. Er habe – wie sein Chef – an die Sache geglaubt und sich nicht von seinem beruflichen Weg abbringen lassen. Für Hans Weber, selbst ein Zimmermann, waren Friedrich Ross und seine Kollegen als Zimmerleute die „Könige des Baus". Es sei schon faszinierend, lobt der Chef noch heute anerkennend, was die Handwerker damals in der Anfangszeit leisteten.

Zimmerleute bei WeberHaus mussten früh aus dem Bett. Morgens um fünf Uhr traf man sich in der Firma, dann ging es los auf die Baustelle zum Aufkranen und Aufrichten. Der Kran musste schon stehen, die erste LKW-Kolonne da sein und die erste Arbeitskolonne vorbereitet werden, bevor die Männer in den traditionell schwarzen Hosen mit der typischen Weste und dem charakteristischen Hut erschienen. Um sechs Uhr ging es und geht es auch heute noch mit dem Ziehen der ersten Wand los – im Sommer wie im Winter, bei Hitze oder minus 20° C. Nicht gerade gemütliche Arbeitsbedingungen! Aber es galt, ein Ziel zu erreichen: Das Haus am Ende des ersten

Tages einigermaßen regendicht zu haben, was bei einem großen Hotel natürlich nicht klappt, bei einem Einfamilienhaus mit 120 bis 150 qm Grundfläche aber zu machen ist.

Für den fast gleichaltrigen Friedrich Ross war sein Chef immer eine Respektsperson. Sein Wort galt, und wenn einmal etwas falsch gelaufen war, stand Hans Weber dafür ein. Er war kameradschaftlich, gemeinschaftsorientiert, kehrte nicht den Chef heraus. Da man sich seit 1950 kannte, waren Ross und Hans Weber längst per Du, als WeberHaus 1960 an den Start ging.

Wenn Fremde dabei waren, schien es Friedrich Ross unpassend, den Chef zu duzen, aber Hans Weber mochte das partout nicht einsehen. „Ich sagte ihm einmal, dass ich ihn mit ‚Sie' anspräche, wenn Kunden dabei wären. ‚Wenn Du das machst', reagierte er erbost, ‚gibt's von mir eins drauf'." Friedrich Ross umging das Problem elegant und sagte einfach nur „Chef".

Friedrich Ross

Bei Uwe Manßhardt ging es besonders rasch bergauf, nachdem er 1979 als Azubi zum Industriekaufmann eingestiegen war. 1982 begann er in der Abteilung Zentraler Einkauf, bekam 1986 Handlungsvollmacht und ist seit 1993 Prokurist. Er ist in dieser Position für die Materialwirtschaft zuständig und verantwortet ein Budget von rund 130 Millionen Euro jährlich. Er schwor sich bei seinem Arbeitsantritt: „Solange ich morgens nicht mit einem Frust zur Arbeit gehe und sehe, dass ich Erfolg habe und mir die Arbeit Spaß macht, so lange sind auch die Voraussetzungen da, um zu sagen:

Ich bleibe im Unternehmen." Auf dieser Basis sind nun schon mehr als 35 Jahre zusammengekommen und Manßhardt fühlt sich immer noch wohl.

Der gute Ruf des Unternehmens, was den Umgang mit Mitarbeitern und Geschäftspartnern betrifft, war auch der Anreiz für Michael Sax, sich hier zu bewerben. Nachdem er zunächst eine Absage bekommen hatte, gab er nicht gleich auf und erhielt schließlich die Chance, in der Kundenbetreuung als junger Mann von 24 Jahren anzufangen. In dieser Abteilung werden die Bauherren durch ihr Bauleben geführt – angefangen von der Vertragsbestätigung bis zum Hausaufbau und darüber hinaus.

Uwe Manßhardt, Leiter Zentraler Einkauf und Materialwirtschaft

Etwa drei Jahre wollte er bei WeberHaus bleiben, dann würde er andere Unternehmen kennen lernen wollen. Daraus wurde nichts. In der Abteilung Kundenbetreuung lockte die Vorkalkulation, in der es darum ging, bei Kundenanfragen den Preis für ein Bauvorhaben zu ermitteln. Interessant, dachte sich Michael Sax, blieb und stieg weiter auf. Das Zusammenspiel der unterschiedlichen Abteilungen für das Gelingen des Produkts Haus, bei dem sich ein Baustein mit dem anderen zu einem Ganzen zusammenfügt, ist für ihn das Schöne an dieser Tätigkeit.

Bei aller Achtung für die Qualität und die Güte des Produkts, das keinen Vergleich zu scheuen braucht, es muss auch verkauft werden. So verwundert es nicht, dass Hans Webers besonderes Augenmerk dem Außendienst gilt. Die Verkäufer sind die am besten bezahlten Mitarbeiter im Unternehmen, denn wo keine Häuser verkauft werden, gibt es auch keine Arbeit für Produktion und Verwaltung. Der Chef hat Verständnis für seine Verkäufer, weil er früher selbst seine Häuser an den Mann bringen musste und deshalb um die Schwierigkeiten weiß, die diese anspruchsvolle Tätigkeit mit sich bringt. „Der Verkäufer muss der sensibelste Mensch im Unternehmen sein", erklärt er. Jeden Tag, ja mitunter im stündlichen Wechsel, hat er sich auf neue Menschen und deren Bedürfnisse einzustellen. Eben hat er jemanden vom Schreibtisch aus beraten, im nächsten Augenblick akquiriert er wieder am Telefon, dann muss er hinaus ins Ausstellungshaus. Es ist ein schwieriger Job, und deshalb trägt Hans Weber seine Verkäufer nicht nur gedanklich auf Händen. Damit sie fit bleiben, auch physisch und psychisch durchhalten, müssen sie immer wieder neu motiviert werden.

Michael Sax, Leiter Technischer Service

Bei den Guten, die schon viel Geld mit ihrer Arbeit verdient haben, ist das mit noch mehr Geld nicht zu machen. Stattdessen lockt hin und wieder eine Reise nach Barcelona oder nach Paris. Hans Weber hat Spaß am Umgang mit seinen Verkäufern, die sich durchaus unterscheiden: „Da gibt es alle möglichen Typen. Bei vielen Verkäufern ist es der Fleiß, bei anderen die Gabe Gottes, wenn sie bei den Kunden ankommen. Auch ein nicht so guter Verkäufer kann mit Fleiß vieles ausgleichen." Peter Liehner bringt es auf den Punkt: Verkäuferisches Können bekomme man in die Wiege gelegt, obwohl sich sicher eine Menge lernen lasse. Aber die eigentliche Fähigkeit, die Dinge aus der Perspektive des Kunden zu sehen, mache den Erfolg aus. Wer nicht die „richtigen Sensoren" in der Vorteilsargumentation entwickle, der könne auch ganze Bündel von Argumenten auf den Kunden einprasseln lassen, ohne dass auch nur eines ihn erreiche. Zu erkennen, was der Kunde wolle und was für ihn wichtig sei, bedeute daher das A und O des erfolgreichen Vertriebs.

Peter Liehner selbst hat nach eigener Einschätzung die nötige Begeisterung mitgebracht, um sich dem Kunden auf dem Weg zum eigenen Heim als Problemlöser anzubieten. Dem gelernten Banker, der 1979 bei WeberHaus angefangen hatte, gelang es, als eine Art Treuhänder zwischen Bauherren und Bauunternehmen zu agieren. Dass WeberHaus Top-Produkte hat und Liehners schwäbische Klientel mit einer ordentlichen Kapitalausstattung bedacht war, passte gut zusammen. Wer mit Kunden zu tun habe, die zu 100 Prozent finanzieren und die sich deshalb nur möglichst „schonend" von ihrem Geld trennen wollten, müsse anders vorgehen.

Ein Verkäufer aus der Anfangszeit des Vertriebsaufbaus ist Dieter Helbig, der 1972 als dritter Mitarbeiter im Außendienst eingestellt wurde. Als er im Jahr 2007 für 35 Jahre Betriebszugehörigkeit bei WeberHaus ausgezeichnet wurde, hatte Dieter Helbig mit seinem Team 2.400 Häuser verkauft. Eine Zahl, die in Deutschland wahrscheinlich einmalig ist, freut sich sein Chef Hans Weber. Für seine Verdienste wurde dieses „Urgestein des Außendienstes" mit dem Titel „Vertriebsdirektor" geehrt.

Der WeberHaus-Vertrieb vollzieht sich in hohem Maße über Angestellte. Mögen andere über Handelsvertreter organisiert sein, in Linx setzt sich das Verkäufergehalt mit Absicht aus einem Fixum plus Erfolgsanteil zusammen, um die Bindung ans Unternehmen zu erhöhen. Dieses Vertriebsmodell der angestellten Verkäufer ist in der deutschen Fertighausbranche ungewöhnlich, wo üblicherweise mit freien Mitarbeitern gearbeitet wird.

1.1. Betriebliches Vorschlagswesen – Ideenmanagement

Heute nicht mehr wegzudenken, aber in seinen Anfängen eine ganz und gar neue Geschichte ist das betriebliche Vorschlagswesen, kurz BVW. Seine Entstehung reicht ins Jahr 1979 zurück. Aus seiner Zeit als Zimmerergeselle in kleinen Betrieben war Hans Weber noch gut im Gedächtnis, wie Ideen von Mitarbeitern und Anregungen aus der Belegschaft etwa zur Rationalisierung von Arbeitsabläufen oft mit einem „Geht nicht!" oder „Haben wir noch nie so gemacht!" abgeschmettert wurden. In seinem eigenen Betrieb würde das anders laufen, „mitdenkende Mitarbeiter" würden hier erwünscht sein. Nach dem Besuch eines Seminars zum Thema „Vorschlagswesen bei VW" nahm sich Hans Weber vor, dieses System auch für seine eigene Firma zu nutzen. Mit den Worten „Wir brauchen ein betriebliches Vorschlagswesen – mach' mal eines!" übergab er die Seminarmappe seinem Mitarbeiter Ernst Bliss.

Normalerweise hat der Angestellte eines Unternehmens heute nur selten eine Chance zu beweisen, was in ihm steckt. Alles ist vorgegeben, alles läuft nach Plan, ohne Abweichung von der Arbeitsanweisung, ohne großes Nachdenken über Möglichkeiten der Verbesserung von Arbeitsabläufen. Bei WeberHaus, wo zum 1. Juni 1979 das Betriebliche Vorschlagswesen – heute heißt es Ideenmanagement – eingeführt wurde, läuft auch das anders. Ziel ist, die Ideen der Mitarbeiter zu sammeln und zur Entscheidungsreife zu führen. Wenn ein Mitarbeiter eine Idee zur Arbeitsverbesserung hat, kann er sie auf einem Formblatt darlegen. Er kann auch zu seinem Meister gehen. Früher wurden die Vorschläge auf Papier mit Kopie eingereicht, heute geht das Ganze „papierlos" über die Bühne. Seit den 90er Jahren werden so genannte „Sofort-Ideen" durch eine Führungskraft schnellstmöglich beurteilt.

Stefan Schöpke, Leiter Ideenmanagement

Von Unternehmensseite her ist es nur konsequent, auf die Mitarbeiter zu bauen, die durch ihren besonderen Einblick in Arbeitsabläufe selbst Innovationen und Verbesserungen erdenken. Stefan Schöpke, Nachfolger von Ernst Bliss als Ideenmanager von WeberHaus, stellt immer wieder fest: „Spürt ein Ideeneinreicher, seine Idee wird ernst genommen, so ist das ein großer Motivationsschub. Noch größer ist dieser Schub, wenn die Idee auch umgesetzt wird. In diesem Fall spielt die Prämie eine untergeordnete Rolle." Auch wenn eine Idee nicht umgesetzt werde, könne ihre Ablehnung motivieren, wenn sie überzeugend dargelegt werde.

Der Ideenreichtum der Mitarbeiter zieht sich übrigens durch alle Altersgruppen und hierarchischen Strukturen des Unternehmens. Bester Beweis: die zehn Bauzeichner-Auszubildenden, die im Rahmen der ZI-Awards des Zentrums Ideenmanagement mit ihrer Idee „Internetauftritt Azubi-Jobwerbung" einen großartigen 2. Platz in der Kategorie „Beste Azubi-Idee 2013" erreichten – bundesweit. Ob die preisgekrönte Idee der jungen Leute umgesetzt wurde? Ein Blick auf die WeberHaus-Homepage beantwortet die Frage umgehend, denn dort werden die einzelnen Ausbildungsberufe ausführlich vorgestellt.

Ideenmanagement vom Schornstein bis zum Keller

Keine Kleinigkeit war der Vorschlag eines Mitarbeiters, der bei einem Wettbewerb des Badischen Unternehmerverbandes in Freiburg den 1. Preis gewann und ein Preisgeld von 2.500 Euro erhielt. Seine Idee: eine Maschine zur Herstellung von Schornsteineinfassungen, die Zuschnitt, Stanzen und Falzen mit hoher Genauigkeit rationell ausführt. Die enorme Belastung der Handgelenke durch den bisher manuellen Zuschnitt gehört somit der Vergangenheit an. Der Einreicher hat „seine Maschine" inzwischen weiterentwickelt. So werden aus Blechfäden, die bei der Herstellung der Schornsteineinfassungen entstehen, Standrohrmanschetten für die Dachentwässerung hergestellt. Eine tolle Sache, auf die alle stolz waren. Die Preisübergabe beim Regierungspräsidenten ließ sich die Abteilung Ideenmanagement natürlich nicht entgehen.

Ideen im eigenen Tätigkeitsfeld werden generell besonders gefördert, denn niemand sonst kennt die Probleme besser als derjenige, in dessen Arbeitsbereich sie entstehen. Die zuständige Führungskraft kann direkt über die Idee entscheiden und bei einer Annahme bzw. einer Umsetzung über die Vergabe der Ideen-Prämie von bis zu 100 Euro entscheiden. „Größere" Ideen oder solche, bei denen Investitionen erforderlich sind, werden nach dem Grundsatz der Wirtschaftlichkeit entschieden. Ideen, die zwar Kosten senken, aber die Qualität einschränken würden, werden nicht realisiert.

Von 1979 bis zum Dezember 2015 reichten die Mitarbeiter 26.586 Ideen ein, angenommen und umgesetzt wurden 54 Prozent. Über 963.900 Euro Prämien zahlte WeberHaus seit 1979 aus. Allein im Jahr 2015 wurden von den Mitarbeitern in den Werken Linx und Wenden 1.090 Ideen eingereicht. Die damit erzielten Kosteneinsparungen durch die Umsetzung der Ideen beliefen sich auf 215.500 Euro. Die Mitarbeiter wurden für ihre Ideen mit Prämien in Höhe von 29.600 Euro honoriert.

Für sein ausgeprägtes betriebliches Vorschlagswesen erhielt die Firma schon 1991 den Denkerpreis des Deutschen Instituts für Betriebswirtschaft. Die Auszeichnung bekommt jenes Unternehmen, das durch seinen motivierenden Führungsstil die Voraussetzung für ein besonderes Ideenklima schafft.

Im Jahr 2005 führte WeberHaus den Kontinuierlichen Verbesserungsprozess (KVP) ein. Das Ziel besteht hier darin, Arbeitsabläufe noch effektiver zu gestalten und noch schneller auf die Bedürfnisse der Kunden reagieren zu können. Der KVP bei WeberHaus will durch verschiedene Maßnahmen gewährleisten, die hohe Motivation der Mitarbeiter und den hohen Anspruch an Qualität aufrecht zu erhalten. Dabei soll die „Schlanke Produktion" möglichst stabil geplant und gesteuert werden, und zwar mit Hilfe von fünf Prinzipien: Das „Fluss-Prinzip" will Durchlaufzeiten reduzieren und eine kontinuierliche Arbeit am Produkt sicherstellen. Alles soll im Fluss bleiben bis zur Hausübergabe. Die Harmonisierung der Arbeitsinhalte durch das „Takt-Prinzip" hilft, Stillstandzeiten und Überlastphasen zu ver-

Übergabe des Denkerpreises an Hans Weber 1991

meiden. Das „Zieh-Prinzip“ besagt, dass dort, wo gearbeitet wird, auch genügend Mitarbeiterkapazität zur Verfügung stehen muss. Was sich schließlich hinter dem „Null-Fehler-Prinzip“ verbirgt, ist nicht schwer zu erraten. Dazu gilt der Leitsatz: „Nimm keine Fehler an, mach' keine Fehler, gib keine Fehler weiter.“ Das KVP-Prinzip als fünfte Säule beschreibt die Einbindung der Mitarbeiter in die ständige Optimierung aller bestehenden Prozesse. Durch ständiges Hinterfragen der Abläufe und Standards sollen immer wieder neue Ideen zu deren Verbesserung entwickelt und umgesetzt werden. Dabei sind es die vielen kleinen Schritte, die auch wieder die Möglichkeit für Anpassungen bieten und die intensive Zusammenarbeit mit den Mitarbeitern fördern. Der KVP hilft dabei, die Erfolge von Innovationen dauerhaft zu festigen.

2. Die Bauherren – für jeden das passende Haus

Über 55 Jahre nach der Firmengründung hat das Leistungsspektrum von WeberHaus beachtliche Ausmaße angenommen. Für jeden Geschmack, jeden Geldbeutel und jede Vorstellung des angestrebten Lebensstils gibt es das Passende. Ein guter Verkäufer sollte dem Bauherrn seinen Wunsch von den Augen ablesen. Es gibt aber auch Kunden, die am liebsten jeden Planungsschritt selber machen, andere wiederum sind froh, wenn sie sich an vorgeplanten Hausentwürfen orientieren können.

Wer mit eigenen Ideen zu WeberHaus kommt, ist herzlich willkommen. Für diese Kundengruppe ist das frei geplante Architektenhaus, in dem „alles“ nach den Vorstellungen der Bauherren geht, genau das Richtige. Dabei kann der Bauherr seinen eigenen Architekten mitbringen oder mit einem WeberHaus-Spezialisten seinen Traum individuell planen.

Die freie Planungsmöglichkeit beim Hausbau ermöglicht, jeden technisch machbaren Bauherrnwunsch zu realisieren. Es gibt aber auch Bauherren, die sich einfach auf die Erfahrung eines kompetenten Hausbauunternehmens verlassen wollen. Dafür hat man aus vielen erfolgreichen Hauskonzepten die WeberHaus-Baureihen entwickelt. Doch kein Weber-Haus gleicht völlig dem anderen, ebenso wenig wie sich die Vorstellungen der Bauherren gleichen. Natürlich spiegelt sich die Anzahl der individuellen Veränderungen im Preis wider. Trotzdem gilt für alle Weber-Häuser: Die fertig durchgeplante Lösung ist zum festen Preis schlüsselfertig oder in verschiedenen Ausbaustufen für den Selbstausbauer zu haben. Das heißt, dass bestimmte Gewerke wie der Innenanstrich oder die Bodenbeläge vom Kunden in Eigenleistung erbracht werden können. In diesem wie in anderen Fällen ist die Beratung zur Ausstattung inklusive.

Aber man muss nicht unbedingt ein Häuslebauer sein, um zu WeberHaus zu kommen. Wer sein Haus renovieren, aufstocken, anbauen oder modernisieren möchte, ist hier ebenfalls in guten Händen. Diese Kundengruppe, wie schon erwähnt, wächst von Tag zu Tag. Inzwischen gibt es eine eigene Abteilung, in der man sich um diese Wünsche kümmert. Auch für Investoren gibt es die Möglichkeit, Objektbauten für Wohnen, Handel und Gewerbe in der für WeberHaus üblichen Qualität durchführen zu lassen.

2.1 Der Kunde im Wandel der Zeit

Der Kunde – das unbekannte Wesen? Mitnichten. WeberHaus kennt seine Bauherren: „Unsere Kunden gehen durch alle Schichten. Viele unserer Hausbesitzer verfügen über einen höheren Bildungsabschluss und sind an Energiefragen interessiert. Die Bausumme beträgt manchmal nur 200.000 Euro, aber manchmal auch 2 Millionen Euro und sogar darüber hinaus", weiß Hans Weber. Die Kontakte zum Bauherrn sind traditionell eng – bei Bedarf auch dann noch, wenn das Haus längst verkauft und aufgebaut worden ist. Und so deutet viel darauf hin, dass der Anspruch „Der Kunde ist König" eingelöst wird.

Gerd Beik und Matthias Hertweck beim Richtfest 2007

Dass Hans Weber mit seiner Geschäftsidee so viel Erfolg hat, liegt nicht nur am guten Produkt, sondern auch in der konsequenten Umsetzung dieses Mottos begründet. WeberHaus und seine Leute verstehen sich nicht einfach nur als Dienstleister im Baugewerbe. Nein, hier ist die Freude an der Qualität des Produkts Haus und am Material Holz in wahrsten Sinne des Wortes „Chefsache“: Dieser freut sich höchstpersönlich, manchmal „wie ein Schneekönig“, wenn seine Kunden zufrieden sind. Auch noch nach vielen Jahren. Er schaut auf den Berg von Glückwunschkarten, Dankesschreiben und Hausbau-Dokumentationen, die zufriedene Bauherren ihm schicken. Heute geschieht das fast ausschließlich per E-mail, was die Freude nicht schmälert. „Die Erfüllung unseres Traumhauses“ heißt es da und von einem „Teil unserer Alterssicherung“ ist in den Schreiben die Rede. „Ich habe Hunderte Briefe und Mails erhalten von Menschen, die vor 10, 20 oder 40 Jahren mit uns gebaut haben und heute noch glücklich und zufrieden sind in ihrem Weber-Haus. Für mich ist es eine Bestätigung, dass wir über 55 Jahre gut gearbeitet haben. Das macht auch mich glücklich. Es ist ja das, wofür ich lebe: Menschen mit unserer Arbeit zufrieden zu machen.“

Natürlich haben sich die Kunden und ihre Bedürfnisse im Laufe der Jahre – abhängig vom Zeitgeist, den Veränderungen auf dem Immobilienmarkt, dem ökologischen Bewusstsein und den Einkommensverhältnissen – gewandelt. Man könnte sogar eine Doktorarbeit über das Thema „Der Kunde im Fertigbauwesen und die Entwicklung seiner Bedürfnisse im Spiegel der gesellschaftlichen, ökonomischen und ökologischen Bedingungen“ schreiben. Allein in den Archiven von WeberHaus und im Gespräch mit langjährigen Mitarbeitern würde man für dieses wissenschaftliche Vorhaben fündig werden, freilich nicht ohne den umfassenden Überblick des Firmengründers zu berücksichtigen: „Die Zeit von 1960 bis 1980 war eine Zeit des riesigen Aufschwungs. Heute besteht ja kein Bedarf mehr nach einem Haus in dem Sinne, wie er damals bestand. Heute ist der Hausbau ein Wunsch, den die Menschen sich erfüllen.“ In den ersten 20 Jahren nach der Gründung der Firma baute man bescheide-

WeberHaus Finanzierungsservice GmbH

Die 2007 gegründete WeberHaus Finanzierungsservice GmbH (WHF) begleitet den Kunden von Beginn seiner Hausplanung an.
Das Budget wird auf die Möglichkeiten des Kunden zugeschnitten. Das Haus wird von Anfang an so geplant, dass es später auch finanzierbar ist. Mögliche Zusatzkosten werden bei der Planung erfasst und in die Kalkulation sofort eingearbeitet. Spätere zusätzliche Belastungen sind damit ausgeschlossen, und der Hausbauer wird nicht zum Spielball externer Finanzberater.
Die integrierte Finanzdienstleistung mit Vorzugskonditionen, die durch Neutralität zu den Banken und Finanzierungsausschreibungen erzielt werden, erhält der Kunde aus einer Hand. Er hat die Sicherheit, dass bei späterer Realisierung des Bauprojekts keine Finanzierungslücken auftreten.
Alles ist aufeinander abgestimmt. Finanzierungsrisiken werden daher auf ein Minimum begrenzt. Lieber etwas kleiner bauen, aber im Rahmen des Bezahlbaren belassen, lautet die Devise.
Das Finanzierungsangebot durch die WHF erfreut sich bei den Bauherren inzwischen großer Beliebtheit. Seit ihrer Gründung konnte die Finanzierungsgesellschaft ihr Finanzierungsvolumen jedes Jahr beträchtlich steigern. Inzwischen baut mehr als jeder 2. Bauherr mit der WHF und das Finanzierungsvolumen liegt bei über 100 Mio. Euro jährlich.

nere Häuschen, nach den 80er Jahren ist schon mehr Geld in den Hausbau investiert worden. Es geht eben nicht mehr nur darum, möglichst schnell und preiswert ein Dach über dem Kopf zu haben, sondern man will es schöner, aufwändiger, manchmal auch luxuriöser haben, als man es bisher kannte.

„Um 1960 war es nicht üblich, dass die Kinder, wenn sie heirateten, schon ein neues Haus bezogen. Heute ist das aber durchaus der Fall", führt Hans Weber aus, „da manche Eltern anders als früher ihre Kinder bei der Finanzierung oft unterstützen." Und doch wird in der Regel das neue Haus über eine Bank finanziert. Mancher Finanzierer rechnet die Kosten schön und am Ende klafft eine Lücke, die von jungen Familien – trotz zur Zeit niedriger Zinsen – mit ihren begrenzten Möglichkeiten nicht zu schließen ist. Schon manches, gerade fertig gestellte Haus wurde zwangsversteigert. Um solche Fälle auszuschließen und die Finanzierung auf sichere Beine zu stellen, hat WeberHaus bereits 2007 die Finanzierungsservice GmbH gegründet.

Entwurf, Bau und Finanzierung kann der Kunde nun aus einer Hand bekommen.

Und noch etwas änderte sich im Lauf der Zeit: In den 70er und 80er Jahren gab es nicht mehr so häufig wie in den 60ern ein Richtfest. Die traditionsreiche Feier am Rohbau und der mit buntem Krepppapier geschmückte Richtbaum waren auf einmal wie weggeblasen, kein Mensch hatte mehr Zeit dafür. Erst in den 90ern wurde der Brauch wieder aktiviert. Heutzutage wird oft eine richtige Party mit Freunden und Verwandten daraus.

Früher saß das Geld noch nicht so locker und die Skepsis gegenüber Neuheiten wie einem Fertighaus war noch sehr groß. Als Peter Liehner, seit 2010 Geschäftsführer für den Bereich Verkauf und Marketing, vor über 30 Jahren bei WeberHaus anfing, rekrutierten sich seine potenziellen Kunden in erster Linie aus Bewohnern kleiner Dörfer und Kleinstädte im süddeutschen Raum, wo diese Skepsis ohnehin ausgeprägter war als in den Städten. Fertighäuser? Bis jetzt war man es in den kleinen Gemeinden wie Spaichingen und Vaihingen gewohnt, das eigene Heim in Familien- und Nachbarschaftshilfe über einen Zeitraum von drei oder vier, manchmal auch fünf und mehr Jahren in aller Ruhe wachsen zu lassen. Und bei einem Fertighaus sollte das in einem Tag möglich sein?

Peter Liehner, Geschäftsführer

Neues Lebensgefühl – eben leben

Helga (62) und **Wilfried Folz** (66) hatten sich bereits vor Jahren den Traum vom Eigenheim erfüllt. Doch Zeiten, Wünsche und Bedürfnisse ändern sich. „In unserem alten Haus ging es den ganzen Tag lang über drei Etagen rauf und runter. Wir hatten unsere zweite Lebenshälfte erreicht und wollten fürs Alter vorsorgen, ein Haus bauen, in dem wir so lange wie möglich selbständig leben können", erklärt Wilfried Folz. Das neue Traumhaus des Paares sollte ein frei geplanter, barrierefreier Bungalow sein – ohne störende Schwellen, mit offenen Räumen, breiten Türrahmen und begehbarer Dusche.

„Architektonisch ließen wir uns von unseren Reisen durch Südamerika und in die Mittelmeerländer inspirieren. Uns faszinierte die nach außen geschlossene Bauweise mit hohen Mauern und die zu den Atrien geöffneten, lichtdurchfluteten Häuser."

Nach dem Besuch zweier Musterhausausstellungen stand die Entscheidung des Paares fest: Das neue Haus sollte ein Weber-Haus sein. „Das war genau unser Geschmack. Es war schon beeindruckend, was für eine hochwertige Ausstattung WeberHaus bereits im Standard bietet – und dann noch der hohe Anspruch an Energieeffizienz", sagt der ehemalige Geschäftsführer einer Spedition.

Dank der klaren Vorstellungen der Bauherren dauerte die konkrete Planungsphase lediglich ein paar Wochen, die der Innenausstattung sogar nur wenige Tage. Nach nicht einmal einem halben Jahr war das neue Eigenheim bezugsfertig. „Alles ging absolut glatt über die Bühne, einfach perfekt. Das war fast schon unheimlich", freut sich Wilfried Folz.

Er und seine Frau sind restlos begeistert von ihrem neuen Zuhause: „Das ist ein sehr komfortables Wohngefühl – ein komplett neues Lebensgefühl.

Flexibilität

Reinhard Meichtry ist vom Fach. Kein Wunder also, dass der Inhaber einer Immobilienberatung beim Bau des eigenen Hauses besonders hohe Ansprüche stellte. Nachdem der Schweizer mit seiner Ehefrau **Kirsten Meichtry-Rothe** jahrelang in einer schönen Penthousewohnung gelebt hatte, war es dem Paar nach der Geburt der beiden Söhne **Yann** und **Fynn** irgendwann einfach zu eng geworden in ihrer Wohnung. Vor allem die Terrasse entsprach dem Bewegungsdrang der beiden Jungs nicht mehr.
„Ich wurde von einem Kunden beauftragt, den Wert einer Parzelle festzustellen und das Grundstück anschließend zu verkaufen. Es war der perfekte Platz für unser Bauvorhaben und so nutzte ich die Gunst der Stunde und erwarb die Parzelle selbst", berichtet Reinhard Meichtry. Fehlte nur noch ein geeigneter Baupartner, der den Ansprüchen der Bauherren gerecht wurde. Ein Bekannter der Familie hatte mit WeberHaus gebaut und war sehr zufrieden. „Es war die Flexibilität des Unternehmens, die uns letztendlich überzeugt hat", so der Immobilienprofi. „Wie WeberHaus unsere selbst gezeichneten Entwürfe umsetzte, war wirklich einzigartig. Das alles gipfelte darin, dass wir kurz vor der Ausstattung das Haus innen

noch mal komplett neu planten. Wir befürchteten schon, unser Ausstattungsberater, Herr Krauß, würde uns jetzt endgültig nach Hause schicken. Aber nein, innerhalb eines Tages wurden die Pläne vom Statiker gecheckt und neu gezeichnet. Das war wirklich der Hammer." Überzeugend wirkte sich zudem die Möglichkeit aus, einzelne Gewerke sowie die Küche selbst zu organisieren.
Davon abgesehen, vertrauten Reinhard und Kirsten Meichtry bei der Ausstattung ihres Hauses voll und ganz auf WeberHaus. „Wir hatten uns – insbesondere was die Bäder betrifft – in italienischen Einrichtungshäusern inspirieren lassen, und ich kam mit einer riesigen Einkaufstasche voller Prospekte zu Herrn Krauß, unserem Berater bei WeberHaus. Kaum zu glauben, aber er konnte uns immer etwas zeigen, das dem Gewünschten weitestgehend oder ganz entsprach. Innerhalb von vier Tagen hatten wir die gesamte Ausstattung ausgewählt. Seit Ende Juli 2012 lebt die Familie nun in ihrem modernen Bungalow in der schönen Schweiz, dessen Herzstück eine große Terrasse bildet. „Dort haben wir uns den puren Luxus gegönnt: einen dreiseitig verglasten Außenkamin", schwärmt Reinhard Meichtry. „Wir sitzen auch bei 7°C Außentemperatur noch abends draußen."

Wohnen wie Gott in Frankreich

Familie Foerster lebt seit 2009 im südlichen Elsass. Zunächst mietete das Paar ein Häuschen. „Das wurde jedoch mit Nachwuchs schnell zu klein. Es fehlte vor allem ein zweites Kinderzimmer und ein Gästezimmer, da häufig Freunde und Familie zu Besuch kommen", erzählt Rabea Foerster. „Außerdem waren wir mit der Bauqualität des Hauses nicht wirklich zufrieden, obwohl es ein Erstbezug war." Die jungen Eltern hatten sich bereits mit der Thematik Fertighaus beschäftigt: „Das ist hier in Frankreich nicht so populär, und so suchten wir ein deutsches Unternehmen, das uns ein Fertighaus in Frankreich baut." Die Foersters recherchierten und wurden fündig: bei WeberHaus. „Wir fuhren nach Rheinau-Linx und ließen uns erst einmal inspirieren. Die WeberHaus-Wohnwelten sind sehr chic, einfach toll. Von fertigen Häusern bis hin zu Details in der Innenausstattung – alles kann man sich anschauen."
Rabea Foerster muss heute noch schmunzeln, wenn sie an die Planungsphase denkt: „Ich hatte Elternzeit mit unserem ersten Sohn Henri und sehr viel Zeit. Ich installierte entsprechende Planungs-Software, und wir sind dann quasi mit einem fertigen Entwurf zu WeberHaus gefahren. Im Gespräch mit unserer Bauberaterin, Frau Meyers, stellte sich jedoch sehr schnell heraus, dass viele unserer individuellen Vorstellungen in der Baureihe Sunshine bereits umgesetzt sind." Was das Bauherren-Paar jedoch nicht davon abhielt, am Tag des Vertragsabschlusses das Obergeschoss noch mal völlig neu zu planen. Kein

Problem. „Frau Meyers war großartig, wir hatten absolut eine Wellenlänge und konnten uns mit all unseren Anliegen jederzeit an sie wenden."

Im Dezember 2013 war es dann endlich soweit.

„Das Team von WeberHaus rückte hoch motiviert und in aller Herrgottsfrüh an, denn um Punkt 6 Uhr sollte mit dem Stellen der Wände begonnen werden", erinnert sich Rabea Foerster. „Sie hatten nicht damit gerechnet, dass in Frankreich die Uhren anders gehen, und mussten sich dann nach Intervention seitens der ‚Mairie' bis 7 Uhr 30 gedulden. Da traf deutsche Gründlichkeit auf französische Rahmenbedingungen." Nichtsdestotrotz stand das Haus am zweiten Tag und war am dritten Tag gedeckt. Sehr zum Erstaunen der Nachbarn, die übrigens vom Foerster'schen Eigenheim sehr angetan sind.

Seit April 2014 wohnen **Rabea** (39) und **Douglas Foerster** (40) mit ihren Söhnen **Henri** (4) und **Nelson** (2) nun in ihrem lichtdurchfluteten Sunshine-Traumhaus am Hang mit wundervollem Weitblick. „Aus unserem Budget haben wir wirklich das Optimum herausgeholt. Wir sind definitiv angekommen und fühlen uns super wohl", freut sich Rabea Foerster. Ein besonderes Highlight für die junge Mutter ist der Wäscheabwurfschacht: „Der ist einfach großartig, weil das Obergeschoss so in Nullkommanichts aufgeräumt ist." Fehlt noch etwas zum Glück? „Eigentlich nicht – na ja, vielleicht ein Pool."

Ein Hauch von Cornwall

Wenn es sonntags bei **Vivien** (46, Bürokauffrau) und **Michael Schwarz** (53, Geschäftsführender Gesellschafter eines Seniorenheimes) klingelt, dann stehen vor ihrer Tür oft völlig fremde Menschen, die fragen, ob sie sich das Haus vielleicht von innen anschauen dürften. Das ist zwar einerseits etwas lästig, andererseits aber bestätigt es das Paar darin, ein absolutes Traumhaus zu besitzen, eines mit Wow-Effekt.

20 Jahre lang wohnten Vivien und Michael Schwarz in einem Doppelhaus, bevor sie sich 2011 entschieden, noch einmal zu bauen. „Mir schwebte etwas im altenglischen Stil vor, sehr romantisch, so wie die klassischen Cornwall-Häuser in den Rosamunde Pilcher-Filmen", erzählt Vivien Schwarz schmunzelnd. Ihrem Mann war‘s recht: „Ich hatte eigentlich nur zwei Wünsche: eine freie Planung ganz nach unseren Vorstellungen und eine möglichst kurze Bauzeit." Nach umfangreichen Recherchen stand schnell fest: Kein Unternehmen konnte die Wünsche der Schwarzens besser erfüllen als WeberHaus, zudem war auch noch die räumliche Nähe zum Unternehmen gegeben. In ihrem WeberHaus-Haus-Berater Karl-Georg Lind und dem Architekten Manfred Becker fanden sie schnell Verbündete. „Sie verstanden sofort, was uns vorschwebte: ein Haus im mediterranen, an ein römisches Landhaus erinnernden Stil inmitten englisch anmutender Gärten", erklärt Vivien Schwarz. Und ergänzt augenzwinkernd: „Nur die Klippen, die konnten sie leider nicht realisieren."

Auch von der Bau- und Ausstattungsphase kann das Paar nur Gutes berichten: „Das hatte fast schon einen familiären Touch. Jeder auf der – übrigens top sauberen – Baustelle wusste genau, was er tat. Der Bauleiter Jürgen Streiff und sein Team strahlten eine unglaubliche Ruhe aus. Auch der Innenausbau funktionierte perfekt“, schwärmt Michael Schwarz noch heute. Von der Bibliothek über den Wellnessbereich mit Sauna und Walk-In-Dusche bis hin zu den Springbrunnen im Garten: Alle Extrawünsche wurden verwirklicht.

„Wir freuen uns jeden Tag nach der Arbeit auf unser wunderschönes Zuhause.“ Wären da nicht die neugierigen Sonntagsspaziergänger...

Einfach Weltklasse

Kristina (40, Steuerfachangestellte) und **Markus Möll** (49, Ingenieur) waren sofort begeistert vom WeberHaus generation5.0. „Als wir das erste Mal die Musterhausausstellung in Bad Vilbel besuchten und das Haus sahen, wussten wir: ‚Das ist es!' Es war Liebe auf den ersten Blick“, schwärmt Kristina Möll. Trotzdem ging das kritische Paar zunächst mit vier Fertighausherstellern in die Planung. Die Entscheidung war schnell getroffen: „Bei WeberHaus gab es keine versteckten Kosten, hier wurde von Beginn an mit offenen Karten gespielt“, so Markus Möll. „Also hörten wir auf unser

Bauchgefühl und haben es bis heute nicht bereut."
Restlos begeistert ist das Paar von der partnerschaftlichen Abwicklung des Hausbaus. „Wir hatten die besten Handwerker, die man sich nur denken kann. Die Kommunikation war einfach Weltklasse. Sowohl Fliesenleger als auch Maler haben, bevor sie mit ihrer Arbeit begannen, immer noch einmal nachgefragt, ob wir es uns auch genau so wünschen, wie es im Vertrag steht. So wurde zum Beispiel der Fliesenverbund fotografiert und per WhatsApp an uns geschickt, damit wir noch mal gucken können, ob alles in Ordnung ist. Fantastisch!", freut sich Kristina Möll noch heute. Und erzählt begeistert eine weitere Hausbau-Anekdote: „Der absolute Hammer waren unsere Maler, zwei Brüder. Wegen der brütenden Hitze im Hochsommer konnten sie den Außenputz nicht auftragen. Sie sind dann morgens um 4 Uhr gekommen, um an der Südseite zu beginnen. Als ich abends um 18 Uhr nach Hause kam, waren die Armen immer noch dran. Sie haben wirklich Top-Arbeit geleistet."
Kristina und Markus Möll legen viel Wert auf die perfekte Optik: „Das Haus ist sehr durchdacht, die Symmetrie war uns sehr wichtig", erklärt Markus Möll. Die Resonanz gibt ihnen Recht: „Wir wurden schon unglaublich oft darauf angesprochen, dass wir eines der schönsten Häuser im gesamten Neubaugebiet haben", sagt Kristina Möll stolz. Die Hausherrin ist übrigens auch die Meisterin über das WeberLogic-Touchpanel, mit dem sie die gesamte Haustechnik steuert. Besonders von der Frischluft-Wärmetechnik ist das Paar begeistert: „Das Raumklima ist einzigartig. Ob Dreck, Pollen oder Wespenplage, alles bleibt draußen. Und wenn wir eine Party mit vielen Menschen feiern, ist die Luftqualität konstant, vom Anfang bis zum Ende."

Peter Liehner war mit einer gesunden Portion Sportsgeist gestartet und machte sich daran, möglichst jeden kleinen Ort, angefangen von 400 bis hin zu 2.000 Einwohnern, mit einem WeberHaus „auszustatten". Es war nicht einfach. Liehner wurde mit Fragen bombardiert: Wie steht es mit dem Brandschutz bei WeberHaus? Was geschieht mit Schädlingen? Haben Nagetiere Zugang von unten? „Die Leute hingen einem an den Lippen", weiß er noch und beantwortete geduldig und nonchalant alles, was an Fragen auf ihn einprasselte. Er verwies dann auf das, was er „Addition der Eigenschaften, die ein

Haus ausmachen: Brand-, Schall- und Wärmeschutz" nennt. Nehme man diese drei Werte zusammen, rechnete er vor, gebe es kein besseres als das Weber-Haus.

Noch eines kam dem Verkäufer zugute: „Die Konstruktionsart der Häuser bei den Mitbewerbern war damals so, dass es in der Regel nach 1,25 Meter diese senkrechte Dehnfuge gab, wie sie seinerzeit hieß." WeberHaus verputzte seine Wände noch an Ort und Stelle, so dass sie fugenlos waren – wie konventionell gebaute Hauswände. Sei es, dass dieser Anblick überzeugte, sei es, dass die Nagetiere erfolgreich abgehalten werden konnten – Top-Verkäufer Liehner schaffte seine Vorgaben auch in dieser Region voll skeptischer Häuslebauer.

Eine gesunde Portion Skepsis ist manchmal auch auf der anderen Seite der „Verkaufstheke" angebracht, auf der Herstellerseite nämlich. Schön, wenn ein Kunde mit einem „dicken Auftrag" winkt, schrecklich, wenn die Sache sich als Flop entpuppt. Hans Weber und seine Verkäufer können „ein Lied davon singen". Ein paar Beispiele? Besonders die „Villa Diamant" zog seit 1986 zahlreiche sehr solvente Käufer an, aber auch viele nur angeblich finanzstarke Kunden. Ein solcher kam eines Tages eindrucksvoll mit einem roten Ferrari angebraust. Der Mann ließ sich die Villa beim Ortstermin gleich größer anbieten. Seine Forderung: Die Garage müsse für mindestens vier Ferraris Platz bieten. Wunschgemäß arbeitete WeberHaus die Pläne und das erweiterte Angebot aus. Dabei blieb es. Denn zum nächsten vereinbarten Termin erschien der PS-starke Interessent nicht. Angeblich war er mit einem Motorschaden auf der Autobahn liegen geblieben. Später stellte sich jedoch heraus, dass der Ferrari vom ersten Treffen ein Vorführwagen war. Dass der Mann auf der Autobahn liegen geblieben war, stimmte zwar, allerdings mit einem alten Opel. Den forschen falschen „Villa Diamant"-Käufer sah man nie mehr wieder…

Ähnliche Vorfälle musste Hans Weber leider mehrfach erleben, auch um einige „Hausnummern" größer. Denn manchmal durfte es sogar noch etwas mehr sein. Öfter als ihm lieb gewesen sei, habe WeberHaus es mit angeblichen Großinvestoren zu tun gehabt. Sie hätten angegeben, gleich mehrere Häuser bauen zu wollen, und verlangten umgehend ein Gespräch, natürlich nur auf allerhöchster Ebene. Eines schönen Tages war Hans Weber im Saarland unterwegs, als ihn die Mitteilung erreichte, ein gewisser Herr B. wünsche den Chef zu sprechen. Hans Weber rief den Mann vom Auto aus an. Dieser stellte einen Großauftrag in Israel in Aussicht. Es gehe um mehrere hundert Häuser, hieß es. Hans Weber warf seine Tagesplanung um und vereinbarte für abends einen Termin im Frankfurter Flughafen-Hotel. Christel Weber, die zufällig mit im Auto saß, meinte nach dem Telefonat zu ihrem Mann: „Wenn ich es nicht selbst gehört hätte, würde ich die Story wohl kaum glauben!“

Tatsächlich erschien der geheimnisvolle Auftraggeber. Doch das abendliche Treffen sollte nur dazu dienen, ihm eine Provision zu sichern, falls WeberHaus den Auftrag annehmen würde. Wie er selbst klar stellte, seien noch mehrere andere Makler mit diesem Israel-Auftrag unterwegs. An diesem Punkt war das Gespräch praktisch zu Ende. Die 300 Kilometer Umweg, die Hans Weber an diesem Tag extra gefahren war, vergaß er schnell wieder. Denn reagieren müsse man auf solche Anrufe schon, auch wenn man vorher nicht wisse, was wirklich „dran“ sei.

Es gibt bei den Kundenkontakten natürlich immer auch Begegnungen der überraschenden Art. Hans Weber kann sich heute noch an einen Anruf aus Kehl erinnern: Er solle dort bei einer „bauwilligen“ Familie vorbeischauen. Die zukünftige Bauherrin öffnete ihm die Tür. „Wir wären uns beinahe um den Hals gefallen“, denn wer konnte schon ahnen, dass er hier eine Bekanntschaft aus seiner Junggesellenzeit antreffen würde? Die Dame, inzwischen glücklich verheiratet, ahnte ihrerseits nicht, dass es sich bei dem Firmenchef um „den Weber“ handeln würde, den sie von früher her kannte. Nachdem der Gatte ins Bild gesetzt und über das unverhoffte Wiedersehen „aufgeklärt“ worden war, ging der Hausverkauf schnell über die Bühne. 15 Jahre später erhielt WeberHaus einen weiteren Auftrag zum Aufstocken des Hauses.

„Tja, auch der Kunde ist nicht mehr das, was er einmal war“, stöhnt heute so mancher Unternehmer und denkt dabei an die Zeiten, in denen der bauwillige Otto Normalverbraucher noch ganz anders auftrat, nämlich unbedarft und uninformiert, auf Gedeih und Verderb dem Rat des Fachmanns ausgeliefert. Inzwischen sind die Kunden selbstbewusster, lassen sich in ihrer Kaufentscheidung weniger beeinflussen und sind mündiger, auch durch den Zugriff auf die Medien und die sich bietenden Alternativen.

Wer heute beim Bauunternehmer A an die Tür klopft, hat sich gestern bereits im Internet über das Angebot der Gesamtbranche informiert und die Homepage der Anbieter A, B und C mehr oder weniger gründlich studiert. Nun ist er vor Ort und stellt gezielt Fragen. WeberHaus soll es recht sein. Man öffnet sich dem Kunden ohnehin durch ausführliche Produktinformationen im Internet. „Heute generieren wir ungefähr zwei Drittel aller Erstkontakte übers Internet", weiß Heidi Weber. „Aber ein Haus kann man dort nicht kaufen, das ist eine Vertrauenssache zwischen Kunde und Verkäufer, dazu benötigt man eine sehr persönliche Beziehung."

Die Zeiten haben sich geändert, nicht zuletzt zwingt die Globalisierung auch den Privatmenschen, sich immer öfter an neue Situationen anzupassen. Durch die Lockerung der Familienbande, die gestiegene Mobilität und die veränderte demografische Situation lösen sich Familienstrukturen auf, und manch einer fängt mit 55 Jahren ganz neu an. Gefragt sind mehr denn je Flexibilität und Trendsicherheit – auch in der Fertighausbranche. Denn neue Strukturen und Bedürfnisse eröffnen auch neue Chancen. Singlehaushalte, längere Lebenszeiten und jung gebliebene Pensionäre stellen eine besondere Klientel dar. Hans Weber meint dazu ohne Umschweife: „Wir erleben in den letzten Jahren, dass Leute sich alterslos fühlen – so wie ich ja auch selbst. Ich kann mir zum Beispiel nicht vorstellen, dass ich nun schon fast 80 Jahre alt bin. Es gibt viele Menschen, die im Alter ihr Leben weiterleben, wie sie es gewohnt sind. 70-Jährige und Ältere überlegen, ob sie noch mal ein Haus bauen sollen – altersgerecht, alles auf einer Ebene, damit sie dort leben können bis zum Schluss. Ganz nebenbei bemerkt: Unsere älteste Bauherrin ist derzeit 90 Jahre alt!"

Das Bauen eines Hauses, wie überhaupt seine Konstruktion und Gestaltung, ist ein optimistischer, aufregender und vor allem archaischer Akt, weil ja nicht nur der einzelne Mensch ein Haus baut, für sich oder andere, sondern weil dieses Haus auch ein Abbild der Zivilisation darstellt. Philosophen wie Peter Sloterdijk und Rüdiger Safranski sprechen daher nicht zu Unrecht von den Zivilisationen als „Treibhäusern für die Ermöglichung von Sinn". Nichts anderes will die Weber'sche Philosophie: das Haus mit dem Leben verbinden! Nichts anderes sollte auch die „World of Living" demonstrieren.

3. Die Unternehmerfamilie

3.1 Hans Weber: Facetten einer Unternehmerpersönlichkeit

Ob man über Hans Weber als Gründervater und Seniorchef eines großen Unternehmens, das heute über 1.100 Mitarbeiter beschäftigt, oder über die Charaktereigenschaften des Privatmenschen Hans Weber spricht, macht kaum einen Unterschied. Denn dieser Mann bleibt immer ganz er selbst – ob er nun mit leitenden Angestellten am Tisch sitzt, mit den Technikern in der Montagehalle fachsimpelt, sich mit seiner Frau unterhält oder mit den Kollegen im Musikverein probt. Wer mit ihm zu tun hat, fühlt sich ernst genommen. Der Chef spricht mit jedermann im Betrieb. Und zu dem kleinen Steppke im Musikverein, der mit seiner Trompete zufällig neben ihm sitzt, sagt er ganz selbstverständlich: „Hallo, ich bin der Hans."

Vielen Menschen ist dieser Mann begegnet, und alle hat er vom Fleck weg beeindruckt, nicht wenige fasziniert. Wie schafft er das? Was ist das nur, das die Leute derartig gefangen nimmt? Hans Weber

Ein Mann zum Anfassen: Hans Weber beim Fachsimpeln mit seinen Zimmerer-Auszubildenden

tritt weder einschüchternd auf, noch lässt er sein Gegenüber spüren, wie viel Macht er hat. Im persönlichen Umgang übt er keinen Druck aus, lässt Mitarbeiter lieber an der „langen Leine“, wird nie laut und ist auch kein kleiner Diktator. Wie also hat sich dieser Chef Respekt verschafft?

Peter Liehner, der heutige Geschäftsführer, erinnert sich noch gut, was er bei seiner ersten Begegnung mit Hans Weber dachte: „So erfolgreich und so bescheiden!“ Trotzdem zog die Persönlichkeit des neuen Chefs den Verkaufsprofi so in den Bann, dass es für mehr als 35 Jahre Motivation und die Zielsetzung reichte, „die Erwartung dieses Mannes zu erfüllen“.

Hans Weber schafft es stets auf unspektakuläre Art und Weise, andere mitzureißen und ihren Ehrgeiz zu wecken. Denn er selbst ist das beste Beispiel dafür, was man auf die Beine stellen kann, wenn man sich Mühe gibt und einen eisernen Willen hat. Voraussetzung, um aktiv zu werden, ist freilich die persönliche Überzeugung von einer Sache, um die es geht. Hat Hans Weber einmal etwas für gut und sinnvoll befunden, wird ihn kaum jemand vom Gegenteil überzeugen und vom zielgerichteten Handeln abbringen können. Etwas Sinnvolles schließt idealerweise ein, dass es auch anderen Menschen nützt. Nur für sich selbst vor sich hinzuwerkeln, verspricht wenig Zufriedenheit. Das Miteinander ist sein Lebensmotto und wird von ihm in allen Lebensbereichen ganz groß geschrieben. Sich selbst als Teil des Ganzen zu sehen, sich einzubringen in die Gemeinschaft und nicht den Solisten zu „markieren“, das war schon sein Ding, als er noch nicht „der Weber“ war. Diese Haltung drückt sich auch darin aus, dass Hans Weber in seinen Reden vermeidet, zu oft von „Ich“ zu sprechen. Das „Wir“ kommt ihm sehr viel öfter über die Lippen.

Apropos Reden. Als Unternehmer muss er nach außen kommunikativ sein. Das heißt aber nicht, dass Hans Weber viele Worte macht. Lange Rede, kurzer Sinn – das ist nicht seine Art. Was er sagt, hat Hand und Fuß und wird durch die Kürze gewürzt. Wo andere endlos diskutieren, beschränkt sich Hans Weber oft auf ein knappes „OK“. Worte werden immer höflich ausgesprochen, wenn der Firmenchef auch in der Sache klar und deutlich ist. Auch im Anordnen heißt es „Könnten Sie bitte…?" Sätze wie „Heute habe ich keine Lust!" gibt es nicht in seinem Vokabular. Ratschläge wie „Mach's gleich, dann ist es erledigt!" entsprechen stattdessen seiner Einstellung.

Das Arbeitstempo dieses Mannes ist hoch. Für manche zu hoch. Vom Abwägen einer Idee bis zu ihrer Ausführung benötigt er nicht viel Zeit. Möglich, dass nicht alle Anwesenden mitkommen, wenn Hans Weber einen Plan vor ihren Augen und Ohren entwickelt. Als 1982 die Mehrzweckhalle in Linx gebaut wurde, las er in einer Zeitung während einer Flugreise, dass der Kegelsport im Kommen sei und allerorten Kegelbahnen boomten. Spontan vergrößerte Hans Weber den Plan für die Halle und zeichnete vier Kegelbahnen ein, die dann zusätzlich gebaut wurden. Dieser Elan kann andere schon „vom Hocker reißen".

Annemarie Jager, die langjährige Sekretärin von Hans Weber

Annemarie Jager, die ihren Chef 35 Jahre lang als Sekretärin begleitete und 2012 in den wohlverdienten Ruhestand ging, traf auf einen Vorgesetzten, der immer klare Antworten gab: „Erst hörte er richtig gut zu und bildete sich dann flott eine Meinung." Für ein herzliches „Ja" oder ein richtiges „Nein" musste Hans Weber dann nicht erst lange in sich gehen. „Probleme wurden von ihm grundsätzlich schnell geregelt, dann sah man wieder klar." Der Chef heute schlecht drauf? Solche Phasen hat Annemarie Jager nicht erlebt. „Herr Weber kam nie schlecht gelaunt ins Büro. Ich habe ihn auch nie laut werden hören. Er blieb immer sachlich-souverän." Laut und ungemütlich wurde er nur, wenn er merkte, dass Vorgesetzte oder Kollegen einen Mitarbeiter mobbten. Das konnte er gar nicht leiden. Oder, noch schlimmer, wenn ein Mitarbeiter die Firma betrog oder bestahl.

Es gibt ganze Witzseiten, Fernsehspots und jede Menge schriftliche Ratgeber zum Thema Stressabbau nach einem Gespräch mit dem Chef. Der Chef bei WeberHaus? Mit dem konnte auch Michael Sax, heute Leiter „Technische Services" in Linx, immer ganz locker reden. Es sei einfach, ein Gespräch mit ihm zu führen, egal zu welchem Thema. Jeder Mitarbeiter könne anrufen und bekomme prompt einen Termin bei Hans Weber, der dann – im badischen Dialekt oder auf Hochdeutsch – mit dem Betreffenden spreche.

Hans Weber ist durch und durch ein Optimist. Sein Motto für alle Lebenslagen: „Das Wichtigste ist, dass man mit Freude an alles herangeht: Freude am Leben, am Bauen. Und man muss Freude bereiten, dann wächst da etwas.“ Dazu gehört auch, zuerst in allem, was sich ereignet, das Positive zu sehen. Wenn beispielsweise ein Mitarbeiter das Unternehmen verlassen will, versucht der Chef, das möglichst ohne Groll aufzunehmen und wünscht dem Betreffenden das Beste auf seinem weiteren Lebensweg. Es gibt Beispiele für solche Fälle. „OK“, sagt er dann vielleicht, „nun kommt jemand neu, der uns möglicherweise auf einen anderen Weg bringt.“ Solchen Optimismus kann man nicht verbreiten, ohne ihn wirklich im Innersten zu empfinden.

Hans Weber muss heute noch lachen, wenn er an seine Vorbehalte gegenüber der schräg gestellten Wohnzimmerwand des Entwurfs „Twenty-five“ denkt. Damals, 1975, war er überzeugt: „Menschenskinder, ein Haus mit einer schrägen Wand – das baut doch niemand!“ Nachdem er sich eine Weile mit seinem Architekten „herumgezankt“ hatte und dieser nicht von seiner Meinung abweichen wollte, die Wand sei der Hit schlechthin, lenkte Hans Weber ein: Na gut, man könne ja mal ein Modell des Entwurfs bauen und dieses dann im Haus herumreichen. Mal sehen, wie viele Mitarbeiter sich solch ein Haus bauen würden! Alle sagten ja. „Da musste ich mich geschlagen geben“, sah der Chef ein. Das „Twenty-five“-Haus, das wahrscheinlich erfolgreichste und meistkopierte Haus, wurde ein Top-Seller.

Zeit seines Lebens hat sich Hans Weber seiner Lieblingsbeschäftigung gewidmet, dem Hausbau. Dabei verbindet ihn mit vielen mittelständischen Familienunternehmern, dass er seine Arbeit nicht als lästige Pflicht, sondern als Lebensaufgabe erlebt. Doch lässt er es nun, mit 80 Jahren, ein bisschen ruhiger angehen? Die meisten Männer seines Alters genießen schließlich schon lange ihren Ruhestand.

Nichts mehr tun? Einfach undenkbar für einen Menschen wie Hans Weber. Sein Tagesablauf ist derselbe wie immer. Zwei Stunden des Tages sind überhaupt strukturiert: Morgens das pünktliche Aufstehen und eine halbe Stunde schwimmen gehen. Jeweils eine weitere halbe Stunde sind für das Frühstück und für den Spaziergang mit seinen Hunden angesetzt. Um acht erscheint Hans Weber in der Firma. Immer noch. Jeden Tag. Nun ist alles offen. Er kann in der Bemusterung, beim Vertrieb oder im Werk zu einem spontanen Rundgang auftauchen, es können auch Auswärtstermine anliegen.

Der Seniorchef hält sich immer Zeitfenster offen, um spontan auf eine Baustelle zu fahren und beim Aufrichten eines Hauses dabei zu sein. Wenn man dort den Bauherrn an seinem wichtigsten Tag „erwischt", das macht schon Spaß. Auch wenn Hans Weber auf einem seiner Rundgänge durchs Werk einen Bauherrn trifft, lässt er es sich nicht nehmen, ihn spontan persönlich zu begrüßen. Das macht Eindruck, wenn der Chef sich diese Zeit nimmt. Die Angestellten sehen das gerne, denn nach einer Begegnung von Bauinteressenten mit Hans Weber und einem persönlichen Gespräch fällt die Entscheidung für das Weber-Haus fast zwangsläufig positiv aus.

So war es auch, als er eine Familie begrüßte, die gerade dabei war, Fliesen für ihr Weber-Haus auszusuchen. Hans Weber fragte, ob sie mit der Ausstattungsberatung zufrieden seien, worauf die Bauherrin antwortete: „Natürlich, das kennen wir noch von unserem ersten Hausbau mit WeberHaus in der Pfalz." Und die Bauherrin setzte selbstbewusst fort: „Inzwischen wurde mein Mann beruflich versetzt. Wir mieteten ein Steinhaus, das wir auch hätten kaufen können, aber uns fehlte einfach das angenehme Wohnklima, das Wohlgefühl, welches wir in unserem Weber-Haus kennen gelernt hatten. Deshalb bauen wir jetzt wieder ein Weber-Haus." Hans Weber erwiderte daraufhin schmunzelnd: „Ich würde mich freuen, wenn Ihr Mann bald wieder versetzt wird."

Richtiggehend Spaß macht Hans Weber auch eine Tätigkeit, die andere Unternehmer vielleicht gar nicht als ihre Aufgabe sehen würden. Aufgewachsen in Familienbetrieben, wo man auf jede Kleinigkeit achten muss, fallen ihm noch heute Dinge ins Auge, die andere vielleicht übersehen. Ein Beispiel: In einer Halle liegt ein Nagel auf dem Boden. Hans Weber kommt herein – und hebt ihn sofort auf. Oder irgendwo im Werk ist seit Monaten eine kleine Scheibe kaputt. Da macht sich der Chef bei einem seiner spontanen Rundgänge sofort eine Notiz in sein kleines schwarzes Büchlein. Die Notiz geht weiter an seine Sekretärin und wird von ihr an den zuständigen Mitarbeiter geleitet. Spätestens übermorgen ist die Scheibe ersetzt. Diese Ordnungsliebe, dieser Sinn fürs Detail und die absolute Perfektion, kann mitunter nerven. Lästermäuler sagen, Hans Weber sehe die Spinnweben schon, bevor sie gesponnen seien.

Bei Hans Weber waren die Übergänge vom Beruflichen zum Privaten von Anfang an fließend, zumal man in einem Dorf wie Linx den Mitarbeitern und Kunden auch außerhalb des Geschäfts ständig über den Weg läuft. Der eigene Angestellte ist vielleicht auch der Vereinskamerad, den man abends bei der Probe trifft. Das verlangt einen feinen Sinn für den richtigen Ton. Für diese Eigenschaft ist Hans Weber bekannt. Dass er immer das sichere Gespür für die richtige Ansprache hat, wird von den Menschen seiner Umgebung als herausragende Charaktereigenschaft genannt, von Familienmitgliedern wie von Mitarbeitern und Vereinskameraden. Und doch gibt es jemand im Hause Weber, der eine Sonderbehandlung genießt, denn im Jahr 2000 machte Tochter Heidi ihn zum Großvater, zwei weitere Enkelkinder sollten noch folgen. Die Enkel hängen sehr an ihrem Opa, der – ganz gegen seine Prinzipien – ihnen zuliebe sogar von bewährten Grundsätzen abgewichen ist. Jeden Tag kommen sie zum Mittagessen, und wenn Hans Weber zu Hause ist, hängt er an die gemeinsame Mahlzeit meistens noch eine Stunde dran, um mit Enkel Constantin Trompete zu üben. Statt um ein Uhr, ist er dann erst um zwei in der Firma.

Zufriedenheit stellt sich ein, wenn er sieht, wie alles weiter wächst – in der Familie, in der Firma, in der Region. Jetzt noch riesige Ziele zu haben, ist gar nicht notwendig. „Ziel ist, dass wir gesund bleiben", sagt er ganz schlicht und weiß nur zu gut, dass das alles andere als selbstverständlich ist.

3.2 Regionale Verankerung

Vieles wäre nicht möglich gewesen ohne die feste Verankerung des Gründers und seines Unternehmens in der Region. Hans Weber ist eng, auch emotional, mit der Ortenau, mit Rheinau und „seinem" Linx verbunden. Noch heute gibt ihm die Erkenntnis von Unternehmensberatern wie Hermann Simon Recht, der die Erfolgsstrategien der mittelständischen Unternehmen, der von ihm so genannten „hidden champions", vor allem im fokussierten Produkt und in der kontrollierten Reichweite der regionalen Ausdehnung sieht.

Schon als kleiner Junge hatte Hans Weber versucht, möglichst schnell Anschluss an die wieder gewonnene Heimat, ihre Menschen und Bräuche zu finden. Zu Ansehen, Einfluss und Einkommen gelangt, blieb er auch als Erwachsener seiner Heimat verbunden. Hans Weber und seine Familie wohnen mittendrin im dörflichen und betrieblichen Leben. Für Linx und die Stadt Rheinau ist das ein Glück, wie auch der gebürtige Linxer Ortsvorsteher Rainer Haag hervorhebt: „WeberHaus hat für die Stadt Rheinau eine ganz besondere Bedeutung, in erster Linie als Arbeitgeber."

Natürlich seien auch die Einnahmen für die Stadt ein schwergewichtiger Faktor, führt Rainer Haag weiter aus. Dazu komme der Bekanntheitsgrad, den Linx inzwischen durch WeberHaus erworben hat, auch wenn in Baden-Württemberg natürlich von der Stadt Rheinau die Rede ist. Jeder wisse, dass es dort den SV Linx, den Erlebnispark, die „World of Living" und WeberHaus gebe. Der Urheber dieser Popularität trete bescheiden auf. Wenn man ihn beiläufig kennenlernte, würde wohl niemand in ihm den bekannten Unternehmer vermuten.

Aber Hans Weber hat noch mehr für sein Heimatdorf und die Stadt Rheinau getan als Steuern gezahlt und den Bürgern des Ortes ein interessantes Beschäftigungsfeld geboten. Sein soziales Engagement ist vielen Einrichtungen zugute gekommen. Hans Weber legt als „Linxer" immer besonderen Wert darauf, dass seine Zuwendungen – materieller wie ideeller Art – sich nicht nur auf den Ortsteil

Die Stadt Rheinau und der Ortsteil Linx

Rheinau in Baden-Württemberg, heute von ca. 11.000 Menschen bewohnt, verdankt seinen Namen natürlich seiner Lage direkt am Rhein. Es gehört zum Regierungsbezirk Freiburg im Breisgau. Der Hauptortsteil Freistett liegt unmittelbar am Rheinübergang nach Frankreich. Vom südlichsten Ortsteil Linx ist es nicht weit nach Straßburg. Die Stadt Rheinau entstand am 1. Januar 1975 im Rahmen der Kommunalreform. In ihr sind die Ortsteile Freistett, Diersheim, Hausgereut, Helmlingen, Hohbühn, Holzhausen, Honau, Linx, Memprechtshofen und Rheinbischofsheim zusammengefasst.

Der Ortsteil Linx, dessen Existenz mit verschiedenen historischen Schreibweisen von Lincgisen über Linkies bis hin zu Lingieß und schließlich Linx seit dem Jahr 1139 belegt ist, gehört seit 1973 zum Ortenaukreis. 4,5 Kilometer vom Rhein entfernt und durchzogen von der B 36, hat es eine Gemarkungsfläche von 819 Hektar. Im Jahr seiner Eingemeindung 1975 zählte es 890 Einwohner, darunter auch Christel, Heidi und Hans Weber.

Handwerk und Landwirtschaft waren bis ins 19. Jahrhundert Haupterwerbszweige der Menschen in der Region. Mit der beginnenden Industrialisierung entstanden Ziegeleien, Korbwarenfabrikationen, Brauereien und Zigarrenfabriken. Ab 1880 war die Zigarrenfabrikation die bedeutendste einheimische Industrie mit den höchsten Beschäftigungszahlen, u. a. in Freistett, Honau und Linx. Im Jahr 2014 feierte der Ortsteil Linx sein 875-jähriges Bestehen.

Linx beziehen. Wenn Vereine und Institutionen einen Sponsor gesucht haben, ist er immer großzügig gewesen. Der Freiwilligen Feuerwehr Linx z. B. stellte er, als die eigene Werksfeuerwehr aufgelöst wurde, die gesamte technische Ausrüstung, Anzüge, ein Mannschafts- und ein Löschfahrzeug zur Verfügung. Für die Rheinauer Bürgerstiftung spendete Hans Weber 2012 einen Betrag von 100.000 Euro, damit diese sich unbürokratisch dort engagieren kann, wo schnelle Hilfe notwendig ist.

Ortsvorsteher Rainer Haag kann die Liste der guten Taten um viele weitere Punkte ergänzen: „Hans Weber hat uns sieben Bushaltestellen errichtet – in Fachwerkmanier. Wenn er etwas unternimmt, steht ja meistens Holz im Mittelpunkt, sein Lieblingselement.“ Oft war der Anlass eine Diskussion um einen Missstand, dessen Behebung sonst vielleicht nicht so recht ins Rollen gekommen wäre. So war der Errichtung der Bushäuschen eine Diskussion um die Gefahren für Schulkinder vorausgegangen, wenn sie bei Regen oder im Dunkeln nahe an der Straße auf den Bus warten mussten. Als darüber im Ort gesprochen wurde und ein Pressebericht zu diesem Thema erschien, ließ er die Stadt wissen, dass er die Absicht habe, überdachte Wartehäuschen für die Bushaltestellen zu errichten, die die Stadt nichts kosten sollten. Man ließ ihn nur zu gerne gewähren. Den in solchen Fällen üblichen Ablauf schildert Rainer Haag so: „Es kann durchaus vorkommen, dass er mich als Ortsvorsteher anruft und bittet, ich möge mal kurz herüber kom-

Ortsvorsteher Rainer Haag und Bürgermeister Meinhard Oberle ehren Hans Weber, indem sie die Halle und das Stadion auf seinen Namen „taufen“

men. Dann trägt er mir vor, was er gelesen oder gehört hat. Er macht dazu ein Angebot und will von uns als Stadt wissen, ob dieses Angebot angenommen werden kann. Wir wären ja dumm, so etwas abzuschlagen! Das Ganze geht dann seinen offiziellen Gang: Von der Stadt wird ein Bauantrag eingereicht, denn die Häuschen stehen ja auf städtischem Grund und Boden. Es wird also ein ganz normales Genehmigungsverfahren angestoßen."

Für den sozialen Rang, den Hans Weber innerhalb der Ortsgemeinschaft einnimmt, hat Ortsvorsteher Haag den richtigen Vergleich parat: „Die Respektspersonen von früher – Lehrer, Pfarrer, Bürgermeister, Großfabrikant – fungieren heute nicht mehr als Honoratioren mit sozialer Ader. Wenn diese Herren seinerzeit etwas anordneten, spurte die Dorfjugend. Vor 100 Jahren hätte Hans Weber zu diesem Personenkreis gehört. Im Hinblick auf die gute Integration Jugendlicher und darauf, dass das Vereinsleben gut läuft, ist er heute ein Sponsor und Fürsprecher."

Auch das Sportgelände trägt die Handschrift von Hans Weber. Und das kam so: Als die Suche nach einem geeigneten Platz für den Neubau einer Mehrzweckhalle nicht richtig vorwärts kam, bot Hans Weber an, ein Modell zu konstruieren, bei dem Fußball und andere Sportarten an einer Stelle stattfinden könnten. Wieder legte er Pläne und einen Entwurf vor ohne weitere Kosten für die Stadt. Schließlich wurde die Halle für einen Fixpreis von 2,3 Millionen DM erstellt – ein Preis, für den keiner der Mitbewerber das Objekt hätte realisieren können. Seitlich an der Halle errichtete WeberHaus für die örtlichen Vereine und mit deren Hilfe einen überdachten Festplatz, der auch Schutz für die Zuschauer bei schlechtem Wetter bietet.

Eine noble Geste, die auf den Spender zurückstrahlt. Nachdem die Gemeinde ein halbes Jahr ohne Ergebnis über ein passendes Präsent zu Hans Webers 70. Geburtstag nachgesonnen hatte, überlegte man sich, die bislang „Hölzelhalle" genannte Räumlichkeit, die ja sein Werk war, ihm zu Ehren umzubenennen sowie das gesamte Fußballareal in „Hans-Weber-Stadion" umzutaufen. Dieses Mal war es die Stadt, die anfragte, ob das Vorhaben Zustimmung beim Jubilar finden würde.

Hans Weber sprach das Thema im Familienverband durch und sagte dann – nicht inbrünstig, eher lächelnd: „Ja, wenn ihr der Meinung seid, das wäre etwas für mich, dann macht das mal ruhig!" Als der Festakt vorüber war, ließ Hans Weber die Halle gleich durch seinen Architekten inspizieren, ordnete dort einen Pinselstrich und da die Entfernung von Spinnweben an. Typisch Hans Weber!

3.3 Unternehmenskultur und Führungsphilosophie

Noch einmal zurück in die ferne Vergangenheit: Als Hans Weber seine Firma gründete, wurden Mitarbeiter noch per Handschlag eingestellt. „Aus dieser Zeit finden sich überhaupt keine Arbeitsverträge", wundert sich Heidi Weber heute. Im Jahr 1960 wusste er noch nicht, wie die Zusammenarbeit mit eigenen Mitarbeitern sich gestalten würde. Eines aber wusste er aus seiner Zeit als Lehrling und Angestellter in anderen Firmen genau, was er als Chef nicht tun würde: Schreien auf der Baustelle, schreien mit den eigenen Leuten – das würde es bei ihm nicht geben. „So etwas habe ich bei uns von Anfang an nicht geduldet, weil ich es schon früher als Lehrling so hasste. Meine Leute wissen das auch. Wir schreien nicht – und es geht auch so!"

Nicht nur von den Betroffenen, sondern auch von Seiten der Bauherren, die das Treiben auf der Baustelle und das Klima, das dort herrscht, miterleben, wird die gute Atmosphäre als Pluspunkt auf dem Weber-Konto verbucht.

Zur Unternehmensphilosophie gehört auch, sich dem Bauherrn gegenüber korrekt zu benehmen, den Erwartungen zu entsprechen, nicht zuletzt was die Qualität von Arbeit, Material und Endprodukt betrifft. Der Kunde soll sich erfreuen können an dem, was WeberHaus für ihn baut und sich nicht ein Leben lang ärgern müssen über etwas, wofür es vielleicht einmal einen Nachlass gegeben hat. Sollte sich im Vorgespräch zeigen, dass die Finanzierung nicht stimmt, weil die Kapitaldecke zu dünn ist, raten die WeberHaus-Verkäufer auch vom Hausbau ab. Wenn das Geld zu knapp sei, solle man es lassen, sagt auch der

Chef. „Es kann nicht sein, dass man Leute einfach unterschreiben lässt und hofft, es werde schon irgendwie gehen. Die Retourkutsche kommt ja doch. Bei Finanzierungsgesprächen kommen deshalb alle Kosten des Hauses auf den Tisch. Außer der Rechnung für den Hausbau fallen erhebliche Bau-Nebenkosten an wie zum Beispiel die Anschlüsse für Strom und Kanalisation. Ich verlange von meinen Vertriebsmitarbeitern, dass der künftige Bauherr eine der Realität entsprechende Aufklärung über die Gesamtbaukosten erhält."

Schließlich ist es der Kunde, von dem man lebt und den man durch Leistung überzeugen muss. Zwar baut jeder Bauherr in der Regel nur einmal, aber er hat Kinder, Verwandte und Freunde. Zufriedene Kunden sind die besten Werbeträger und die Mundpropaganda das wirksamste Verkaufsinstrument. Nicht zuletzt kommt in der Kundenzufriedenheit die Übereinstimmung von Leitbild und Realität des Unternehmens zum Ausdruck, die sich bei WeberHaus über die Jahrzehnte eingestellt hat.

Auch der Mitarbeiter muss zufrieden sein. Dafür sorgt man am besten mit einer angemessenen Bezahlung. WeberHaus hat immer über Tarif bezahlt. Wenn es dem Unternehmen gut geht, tut man ein Zusätzliches und gewährt Sonderzahlungen. Zu einer gelebten Unternehmenskultur gehören auch die so genannten Sekundärtugenden, denn Kultur ist zuallererst Lebensweise, die sich in Verhaltensregeln, Werthaltungen und Symbolen niederschlägt. Es ist keineswegs altmodisch, auf Sekundärtugenden wie Sauberkeit und Pünktlichkeit zu setzen. Denn mit Sauberkeit fängt Qualität an. Fleiß gehört ebenfalls dazu. Fleiß ist, wenn es schon 17 oder 18 Uhr ist und man für einen Kunden aber noch etwas fertig macht, was fertig werden soll. Der Seniorchef lebte es vor: „Ich habe immer Wert darauf gelegt, dass wir Sauberkeit im Betrieb und auf den Baustellen haben und auch in sauberen Fahrzeugen unterwegs sind."

Werte wie Ordnungsliebe und Pünktlichkeit sollten aber keine einseitige Forderung von der Firmenleitung an die Mitarbeiter sein. Auch das Unternehmen steht in der Pflicht. Ebenso pünktlich wie morgens um sieben Uhr angefangen wird, muss bei Webers auf der

Baustelle um halb neun Uhr gevespert werden. Wenn er an seine eigene Lehrzeit denkt, kann Hans Weber sich heute noch über die sträfliche Handhabung des Vesperns aufregen. „Bei uns war es so, dass gevespert wurde, wenn der Meister Hunger hatte. Das war manchmal erst um 12 Uhr mittags." Dabei sei doch die Vesperzeit für einen Bauarbeiter „das Wichtigste", wie der Firmenchef sich noch gut erinnert. „Vorher hat man vielleicht einen Kaffee getrunken, wenn überhaupt. Dann hasten die Leute hin und her, von einer Baustelle zur anderen, und haben kaum etwas gegessen."

Hans Weber findet es wichtig, dass die Mitarbeiter zur Firma passen. Es dürfen keine „Hallodris" sein, auf die man auch als gestandener Unternehmer das eine oder andere Mal stoßen kann. Einige von dieser Sorte hat Hans Weber hingebogen. Menschen, bei denen er – oft gegen den Rat anderer – gesagt hatte: „Mal sehen, ob ich den nicht hinkriege." Man muss natürlich etwas investieren, aber man bekommt auch etwas dafür zurück, wie das Beispiel eines 19-Jährigen zeigt, der als ungelernte Kraft bei WeberHaus anfing. Der vorherige Arbeitgeber, ein Maurermeister, hatte Hans Weber geraten, von dem die Finger zu lassen. Aber Hans Weber ließ den Jungen eine Lehre machen, die dieser mit gutem Erfolg abschloss. Er blieb in der Firma, arbeitete sich zum Vorarbeiter und Aufrichtmeister hoch, später sogar vom Bauleiter zum Oberbauleiter. „Gerhard Manßhardt war ein Genie. Diese Zuverlässigkeit, sein Fachwissen – der wusste immer, was los ist, und man konnte ihn überall hinschicken", erinnert sich Hans Weber dankbar. Manßhardt belohnte das Vertrauen, das sein Chef in ihn gesetzt hatte: „Für die Firma ging er durch dick und dünn. Leider ist er viel zu früh gestorben."

Hans Weber mag es nicht glauben, dass ein Mensch nicht das Beste aus sich machen und herausholen will, wenn man ihn nur richtig anspricht und ihm eine Chance gibt, sich zu entwickeln und zu bewähren. Wenig aussichtsreiche Fälle und schwierige Typen reizten Hans Weber daher erst recht. Ihm scheinen solche Zeitgenossen geradezu zu liegen. „Ich unterhalte mich mit den Leuten und führe sie entsprechend." Der Erfolg war dem Chef bei solchen „Experimenten" oft sicher: „Gerade diese Leute haben meistens ein unglaubliches Fachwissen oder ganz besondere Fähigkeiten." Diese herauszukitzeln und dem betreffenden Mitarbeiter selbst vor Augen zu führen, was er drauf habe, sei ein großer Anreiz. Bei der Einschätzung von Mitarbeitern findet daher der Seniorchef Zeugnisse nur begrenzt aussagefähig. Manche Leute seien eben Spätzünder und entwickelten ihre Fähigkeiten erst nach und nach.

Andererseits bestätigt aber auch der Seniorchef die Erfahrung, dass bei wichtigen Führungspositionen immer wieder überlegt werden müsse, ob auch nach Jahren noch der richtige Mann an der Spitze stehe. Manchen Kräften mache das „Mitwachsen" Probleme. Dann komme es auf schnelles Reagieren an, bevor daraus entstehende Defizite das Firmenwohl beeinträchtigten. Gerade beim Einsatz moderner EDV-gesteuerter Vertriebssysteme, wie sie bei WeberHaus inzwischen zum betrieblichen Alltag gehören, ziehen nicht immer alle mit. Leider gab es Mitarbeiter im Unternehmen, die sich weigerten, von dem System Gebrauch zu machen und sich regelrecht gegen diese Entwicklung sperrten. In einem Fall führte das sogar zur Kündigung. Der betreffende Mitarbeiter rief das Arbeitsgericht an und erfuhr, dass das fragliche Kontrollsystem heute einfach als Muss anzusehen ist. Hans Weber schmerzte es, dass in diesem Fall ein Mitarbeiter betroffen war, den er selbst vor vielen Jahren als Zimmererlehrling eingestellt hatte. Er hatte sich zum Bautechniker weitergebildet und war überdies als erster technischer Angestellter vom Firmenchef ins Büro geholt worden.

Auch Unehrlichkeit und Heuchelei stehen am Pranger, wie das im Werk Wenden-Hünsborn der Fall war, als ein Betriebsratsvorsitzender dem damaligen Geschäftsführer Steine in den Weg legte, wo es nur möglich war. Er konfrontierte die Führungskräfte mit zahlreichen und teilweise grotesken Forderungen, die das Unternehmen viel Zeit und Kraft kosteten. Eines Tages wurde durch Zufall festgestellt, dass der Betriebsratsvorsitzende seine Wegstrecke von zu Hause in die Firma um ein Vielfaches „verlängert" hatte und auf diese Weise schon seit Jahren erhebliche Kilometergeld-Zuschüsse kassier-

70. Geburtstag: ein Mandala-Pavillon von den Azubis …

… ein Auftritt als Dirigent und für jeden Kunden einen Handschlag

te. Die Folge war eine fristlose Kündigung, die das Arbeitsgericht bestätigte.

In vielen Fällen war Hans Weber bereit, einmal ein Auge zuzudrücken, nicht aber bei unehrlichen Mitarbeitern. Bestohlen oder betrogen zu werden, ärgert ihn persönlich besonders dann, wenn es sich um „Sünder" handelt, die fachlich gute Mitarbeiter sind und schon lange zum Betrieb gehören. Leider ereignen sich immer wieder Fälle, in denen jemand „etwas mitgehen" lässt oder Arbeitsstunden-Einsätze „frisiert" werden. Hans Weber erinnert sich an einige unerfreuliche Vorkommnisse: So wurde ein Mitarbeiter dabei erwischt, dass er sein eigenes Haus mit Materialien ausbaute, die er im Firmenbetrieb gestohlen hatte. Ein anderer klaute systematisch Baustoffe, Werkzeuge und Kleinmaschinen, um sie anschließend im Internet zum Verkauf anzubieten. Solche Vorkommnisse können in keinem modernen Unternehmen geduldet werden, auch nicht bei WeberHaus.

3.4 Legendäre Feste

Im Hause Weber wird nicht nur feste gearbeitet, es werden auch gerne Feste gefeiert. Dass der Chef Geburtstag hat und „nur" mit der Familie zu Hause feiert, ist schlichtweg undenkbar. Besonders dann, wenn es sich um einen „Runden" handelt.

So ergingen zum Beispiel zu Hans Webers 50. Geburtstag am 28. September 1986 schon im Juli die Einladungen an die Mitarbeiter. Diese konnten sich bereits im Vorfeld auf ein tolles Fest freuen. Das Programm bot alles, was Spaß macht: Fußball, Auftritte verschiedener Mitarbeiter und Künstler, Tanz und Musik der Werkskapelle. Ab ein Uhr nachts standen sogar Kombis samt Chauffeure für die Heimfahrt bereit. Allerdings gab der Chef seinen Leuten schon im Voraus schriftlich: „Ein Ende der Veranstaltung ist nicht in Sicht!" Zwar war die Planung des Festes Chefsache, doch was wäre ein Geburtstag ohne Überraschung für das Geburtstagskind? Zur Feier des Tages spendierte die Vertriebsmannschaft ihrem Chef ein großes Feuerwerk.

Als Hans Weber zehn Jahre später seinen 60. Geburtstag beging, organisierte Tochter Heidi das Fest mit großem Engagement, viel Liebe zum Papa und Fantasie für den Jubilar. „Zum Geburtstag viel Glück" wünschten Hans Weber an diesem 28. September nicht weniger als 2.500 Gäste, darunter Mitarbeiter der WeberHaus-Montagestützpunkte und -Werke, Auszubildende, Rentner, Hunderte von Ehrengästen sowie Angehörige des Linxer Sport- und Musikvereins. So viel Mühe, liebevolle Sorgfalt und persönliches Engagement gibt es wohl nur für einen Arbeitgeber, der es auch verdient. Sogar seinen Freund aus Kindertagen in Japan, Noboru, machte seine Tochter im Land der aufgehenden Sonne nach 49 Jahren ausfindig und ließ ihn einfliegen. Welch eine Wiedersehensfreude!

Und plötzlich waren wieder zehn Jahre vergangen und Hans Weber wurde 70 Jahre alt. Mit der Feier des Geburtstags war das Fest dieses Mal jedoch noch nicht beendet. Wiederum mit tatkräftiger Unterstützung vieler Mitarbeiter fand zwei Tage später die vielleicht größ-

Die Feier zum 60. Geburtstag von Hans Weber in der Karlsruher Europahalle

te Bauherren-Party statt, die es wahrscheinlich in Europa, ja auf der Welt je gegeben hat. Über 5.500 Weber-Haus-Besitzer folgten der Einladung in die „World of Living" aus Anlass von Hans Webers Ehrentag. Der Jubilar gab sich alle Mühe, fast jeden Gast per Handschlag zu begrüßen – allein schon das ist eine erstaunliche körperliche Leistung!

Und am 5. Januar 2008 wurde noch ein Wunsch wahr: Die Zimmererlehrlinge des Unternehmens errichteten im Erlenpark das Baumhaus, das sich Hans Weber zum Siebzigsten gewünscht hatte. Wie nicht anders zu erwarten, lud er alle Spender samt Familienangehörigen zum Richtfest ein.

Die „World of Living" bildete denn auch das Zentrum der Festwochen rund um das 50-jährige Jubiläum von WeberHaus im Jahr 2010 mit mehr als 20.000 Besuchern. Den Auftakt der Festivitäten bildete ein großer Jubiläumsempfang mit 170 geladenen Gästen aus Politik und Wirtschaft. Steffen Kampeter, Parlamentarischer Staatssekretär im Bundesfinanzministerium, überbrachte die Grüße seines wegen eines Krankenhausaufenthaltes leider verhinderten Dienstherren Wolfgang Schäuble und betonte einmal mehr die Wichtigkeit von Familien-Unternehmen wie WeberHaus für die deutsche Wirt-

Moderator Dieter-Thomas Heck und Hans Weber mit seinem Jugendfreund Noboru

schaft: „Sie sind tief in unserer Gesellschaft verankert und haben die Wirtschaft intensiver als andere mit ihrer Haltung und ihren Erfolgen geprägt." Heidi Weber wiederum nahm die Gäste mit auf eine Reise durch ein halbes Jahrhundert bewegter Firmengeschichte. Dabei machte sie deutlich, worum es ihrem Vater immer ging: „Er wollte qualitativ hochwertige Häuser bauen. Es wollte die Zukunft bauen." Sichtbarer Beweis war die Premiere des Haustyps generation5.0 pünktlich zum runden Jubiläum. Um die Wege und Wegkreuzungen, die die Weber-Familie bis dahin gegangen ist, und die gesellschaftlichen, politischen und wirtschaftlichen Hintergründe zu beleuchten, erschien pünktlich zum Jubiläum auch die erste Auflage von „Hans Weber: Lebens(t)räume".

Seinen 75. Geburtstag im September 2011 wollte Hans Weber eigentlich nur in kleinem Kreise feiern. Noch zu präsent waren die großartigen Festivitäten aus dem Vorjahr. Doch Wunsch und Wirklichkeit klaffen bisweilen signifikant auseinander. Insbesondere dann, wenn man seit Jahrzehnten fest eingebunden ist in das soziale und gesellschaftliche Gefüge der geliebten Heimatstadt. Denn der Bürgermeister und der Rat der Stadt Rheinau entschieden einstimmig, Hans

Ein Baumhaus zum 70. von Hans Weber

Zum 75. Geburtstag errichteten die Mitarbeiter für den Chef einen Zunftbaum

Hans Weber wird zum Ehrenbürger der Stadt Rheinau ernannt

Weber wegen seiner außergewöhnlichen Verdienste um die Region und die dort lebenden Menschen zum Ehrenbürger zu ernennen. Nun hätte sich der Geehrte hernach auf seinen Lorbeeren ausruhen können. Nicht so Hans Weber: Der frisch gebackene Ehrenbürger und seine Ehefrau Christel nahmen 100.000 Euro in die Hand – das Gründungskapital für die „Bürgerstiftung Rheinau", die seitdem die Förderung des Gemeinwohls, insbesondere die Jugend- und Altenhilfe, Wohlfahrtspflege, Erziehung und Berufsbildung sowie mildtätige Zwecke zum Ziel hat.

Auch das 55-jährige Jubiläum von WeberHaus im Juni 2015 geriet zum grandiosen Statement des sozialen Engagements der Familie Weber. Ein Benefizkonzert mit dem Pop-Duo „piano-vocal" und dem „Baden-Sinfonie-Orchester", zusammen mit den Bläsern des Landespolizeiorchesters Baden-Württemberg, erbrachte 78.000 Euro für den „Förderverein für krebskranke Kinder e.V." am Uniklinikum

Gelernt ist gelernt: Hans Weber zeigt den Zimmerern, was er noch drauf hat

Freiburg. Seinen Kunden wiederum „schenkte“ WeberHaus das neue Baureihenkonzept generation5.5, eine Optimierung des Vorgängermodels 5.0, sowie ein neues Architektenhaus im Erlenpark.

Nun wird Hans Weber 80 Jahre alt. Er kann es selbst kaum fassen: „Fast 60 Jahre lang bin ich jeden Morgen ins Werk gegangen. Was wir in dieser Zeit alles bewegt haben – über 35.000 Häuser gebaut. Da fühlt man eine gewisse Genugtuung!“

3.5 Generationswechsel

Der Wechsel an der Spitze des Unternehmens erfolgt seit dem Jahr 2004 sukzessive. Stück für Stück hat Hans Weber das operative Geschäft an seine Tochter Heidi übergeben. Heute hält sie fast alle Anteile des Unternehmens. Die Führungsebene besteht aus den Geschäftsführenden Gesellschaftern Hans, Christel und Heidi Weber sowie den Geschäftsführern Peter Liehner (Vertrieb/Marketing), Andreas Bayer und Gerd Manßhardt. Letztere folgten dem Firmengründer im Januar 2015 als technische Geschäftsführer des jeweiligen Werkes. Beide sind seit mehr als 25 Jahren bei WeberHaus beschäftigt. Andreas Bayer war bereits 1988 während des Studiums Praktikant bei WeberHaus im Werk Wenden. Ein Jahr später wurde er als Diplom-Ingenieur der Holztechnik dort angestellt. 1991 übernahm der Ingenieur die Leitung der Arbeitsvorbereitung, zwei Jahre später wurde er zum Prokuristen ernannt. Seit 2003 ist der 52-Jährige Leiter des WeberHaus-Werkes in Wenden-Hünsborn.

Gerd Manßhardt ist ein echtes Eigengewächs des Hausbauunternehmens. 1984 absolvierte er eine Ausbildung zum Zimmerer bei WeberHaus, machte seinen Meister und durchlief als technisch geprüfter Fachwirt alle technischen Abteilungen des Unternehmens. Ab 2010 bekleidete der heute 47-Jährige die Position des Prokuristen für die Geschäftsbereiche Produktion und Montage im Werk Linx.

Prosit! Bei WeberHaus wird nicht nur feste gearbeitet, es werden auch gerne Feste gefeiert

Seit Dezember 2015 komplettiert Stephan Jager die Führungsmannschaft von WeberHaus in seiner Funktion als kaufmännischer Leiter. Der 28-Jährige folgt auf Gerhard Stehling, der sich in den wohlverdienten Ruhestand verabschiedet hat.

Die Geschäftsführer stehen ihrer Chefin Heidi Weber ebenso loyal zur Seite wie zuvor ihrem Vater. Zur Übernahme der Firma wurde sie nicht gedrängt. Heidi Weber wurde hineingeboren in die Einheit von Firma und Familie, in unternehmerisches Denken und Handeln und empfand diese innige Verbindung stets als selbstverständlich. Die Grenzen zwischen Privatem und den Belangen der Firma sind in ihrer Erinnerung immer schon fließend gewesen: „Ich weiß noch, dass mich manchmal ein Mitarbeiter der Firma aus dem Kindergarten abholte oder dass ich auch mal zum Mittagessen zu einem der Mitarbeiter mit nach Haus genommen wurde."

Hans Weber, seine Frau Christel und Tochter Heidi

Andreas Bayer, Peter Liehner, Heidi Weber, Hans und Christel Weber, Gerd Manßhardt

Nach dem Abitur absolvierte Heidi Weber in Freiburg im Breisgau eine Ausbildung bei einer Bank. Es folgte ein Studium der Sozialwissenschaften mit Schwerpunkt Betriebswirtschaft, bevor sie 1994 ins Unternehmen einstieg. Ein sehr guter Moment, denn hier lief alles gut. Im Hinterkopf ihre eben erworbenen Kenntnisse, konnte sie damals über das väterliche Imperium sagen: „Es war ein gut geführtes Unternehmen. Geradezu eine heile Welt, alles wunderbar!" Heidi Weber betätigte sich im Personalbereich und ging daran, sich einen Überblick über die einzelnen Abläufe und Abteilungen in der Firma zu verschaffen.

Schnell entdeckte sie, welche Elemente der Weber'schen Unternehmenskultur Erfolg und Sicherheit bescherten und diese in Zukunft garantieren sollen. Ähnlich wie japanische Unternehmen hat man bei WeberHaus schon immer die Stammbelegschaft gepflegt, die Hierarchien flach gehalten, Gruppenarbeit eingeführt und die kooperative Führung praktiziert. Das Weber'sche Erfolgsrezept von Loyalität gegenüber dem Unternehmen und der Wertschätzung gegenüber den Mitarbeitern und ihren Kenntnissen zu ändern, wäre ohnehin töricht gewesen, wie die Tochter betont.

Heidi Weber hat großen Respekt vor dem Lebenswerk ihres Vaters. Auch die Leistung ihrer Mutter Christel Weber hebt sie hervor: „Die Aussage ‚Hinter jedem Unternehmer steht eine starke Frau' trifft in unserer Familie zweifellos zu." Christel Weber war in der Anfangszeit und noch lange darüber hinaus das kaufmännische Gewissen der Firma. In der Öffentlichkeit ist sie allerdings zurückhaltender als ihr Mann. Mit den Zielen und der Philosophie des Unternehmens identifizieren sich sowohl Mutter als auch Tochter.

Die Übergabe des Unternehmens in die Hände der nächsten Generation ist die Garantie dafür, dass WeberHaus ein Familienunternehmen bleibt und in der Region stark verankert und engagiert ist.

3.6 Heidi Weber: Die Zukunft leben – Pläne, Ziele und Visionen

Mit Heidi Weber an der Spitze von WeberHaus und den neuen Geschäftsführern an ihrer Seite sind die Weichen für die Zukunft des Unternehmens gestellt. Den Fokus für die nächsten Jahre hat die Chefin stets fest im Blick: „Energiegewinnung, Energiesteuerung und vor allem die Energiespeicherung sind die großen Themen, die uns noch intensiver beschäftigen werden als sie es jetzt schon tun. Des Weiteren gewinnen die Bereiche gesundes Wohnen, Hauskommunikation und Haussteuerung sowie das altersgerechte Bauen immer mehr an Bedeutung." Aus diesem Grund hat das Unternehmen vor kurzem ein Zukunftsforum ins Leben gerufen, in dessen Rahmen Top-Referenten in regelmäßigen Abständen Denkanstöße und Ratschläge zu den drängenden Fragen zukünftigen Wohnraums geben. Getreu dem Slogan von WeberHaus: Die Zukunft leben!

Hat Heidi Weber ein bestimmtes Erfolgsrezept? „Wir bauen auf Transparenz, denn das schafft Vertrauen. Wir verstehen uns als

Dienstleister und machen die Wünsche unserer Kunden zu unseren eigenen", erklärt die Firmenchefin. Der Kunde wird zum Freund des Hauses, und da ist die Präsenz des Unternehmens in den Social Media-Plattformen Facebook, YouTube und Flickr nur eine logische Konsequenz. Ergänzt durch die WeberHaus-App fürs Smartphone und Tablet ist der Fertighausspezialist auch im Bereich der sozialen Medien up to date. Bauinteressierte können sich auf dem eigenen YouTube-Kanal den neuen WeberHaus-Unternehmensfilm oder aber den spektakulären Aufbau eines Weber-Hauses anschauen, sich auf Facebook (www.facebook.com/WeberHaus.de) mit anderen Bauherren über WeberHaus austauschen und mit ihnen diskutieren oder auf der Homepage des Unternehmens unter www.weberhaus.de per „Hauskonfigurator" mal eben das ultimative Traumhaus entwerfen, Informationen zu Energiestandards abrufen und nach aktuellen WeberHaus-Events Ausschau halten. Alles ist möglich. „Die sozialen Medien haben sich zu einem Haupt-Marketinginstrument entwickelt", weiß Heidi Weber. Und ergänzt: „Derzeit arbeiten wir an einem großen Projekt im Bereich der Kundenkommunikation. Ziel ist es, unsere Kunden noch mehr in den Entstehungsprozess ihres jeweiligen Hauses mit einzubeziehen, sie ständig auf dem Laufenden zu halten, zum Beispiel darüber, wie weit die Fertigung der einzelnen Bauteile gediehen ist, wann welche Handwerker kommen und so weiter." Dabei sind ihr die Nachteile der Online-Präsenz durchaus bewusst. Ein unzufriedener Kunde anonym im Blog kann schon sehr unangenehm für das Unternehmen werden. Doch bislang blieb WeberHaus von übellaunigen Attacken glücklicherweise verschont.

Fragt man die Chefin danach, was ihr besonders am Herzen liegt, dann muss sie nicht lange überlegen: „Ich möchte unsere hochwertige Produkt- und Beratungsqualität noch mehr mit dem Thema Nachhaltigkeit verbinden und die Verantwortung gegenüber Mensch, Natur und Umwelt noch stärker in den Vordergrund rücken. Wir bei WeberHaus betrachten das Thema Hausbau ganzheitlich." Zahlreiche Gütesiegel, Zertifikate und Prüfzeichen belegen, dass Weber-Häuser über eine hervorragende Ökobilanz verfügen. Erst unlängst kam das begehrte Zertifikat „wohnmedizinisch empfohlen" von der Gesellschaft für Wohnhygiene, Baumedizin und Innenraumtoxikologie e.V. hinzu. Die Gesellschaft bewertete hierzu exemplarisch das Haus „CityLife" im Erlenpark der „World of Living".

Seit nunmehr zehn Jahren baut das Unternehmen PlusEnergie-Häuser, also Häuser, die mehr Energie gewinnen als sie verbrauchen. „Unser großes Thema für die Zukunft wird die Energiespeicherung, das intelligente Energiemanagement sein. Ziel ist die Nutzung der zum Beispiel durch Photovoltaik erzeugten Energie genau dann, wenn man sie auch tatsächlich benötigt", erklärt Heidi Weber. Apropos Photovoltaik: Bereits 2011 ließ WeberHaus eine 7.000 Quadratmeter große Anlage auf den Produktionshallen in Linx installieren – eine der größten in der Ortenau. „Wir investierten insgesamt 2 Millionen Euro. Der Ertrag von 947.000 Kilowattpeak – das ist rund ein Viertel unseres Strombedarfs – wird ins Netz eingespeist", so die Unternehmerin. Die gigantische Photovoltaik-Anlage ist die logische Konsequenz der bereits erwähnten Firmenphilosophie, welche

Eine der größten Photovoltaik-Anlagen in der Ortenau befindet sich auf den Produktionshallen von WeberHaus

seit jeher ein besonderes Augenmerk auf lebenswichtige Ressourcen richtet. So kommt die Energie für die Heizung und Warmwassergewinnung in den Werken Linx und Wenden ausschließlich aus den Holzabfällen, die beim Produzieren der Häuser anfallen. Ein weiteres Plus in der Ökobilanz des Unternehmens besteht darin, dass der nachwachsende Rohstoff Holz, mit dem die Häuser gebaut werden, überwiegend aus den europäischen Wäldern kommt.

Die Qualifizierung der Mitarbeiter ist ein weiteres, ganz entscheidendes Thema, auf das das Unternehmen sein Augenmerk auch in Zukunft richten wird. Handwerk und Arbeit bei WeberHaus soll durch permanente Qualifizierung und digitale Weiterbildung attraktiv bleiben. Diesem Ziel dienen die hauseigenen Förderprogramme und der kontinuierliche Ausbau der Qualifikationsstrukturen.

Der Nachwuchs ist für jedes Unternehmen wichtig, entsteht bei ihm doch nicht nur das Know-how, sondern auch das Bewusstsein für den Wandel der Zeit, aber auch die regionale Verankerung und eine langfristige Bindung an das Unternehmen. Seit seiner Gründung hat WeberHaus in den beiden Werken Rheinau-Linx und Wenden-Hünsborn fast 2000 Lehrlinge ausgebildet. Da tut eine Auszeichnung wie die von Florian Braun besonders gut, ja sie kommt einer Krönung der Lehrlingsausbildung gleich: Er wurde als Auszubildender im Zimmererhandwerk bei WeberHaus nicht nur Innungs- und Kammersieger, sondern sogar Landes- und später Bundessieger des Zimmererhandwerks. Aktuell schnitt Zimmerer Jan Schneider bei der Gesellenprüfung als Innungsbester ab und erhielt erstmals den von WeberHaus gestifteten Holzbaupreis. Der Preis ist als zusätzliche Motivation für die Zimmerer-Auszubildenden des Unternehmens gedacht und wird von nun an jährlich verliehen.

Gehörte noch vor wenigen Jahren die Verstärkung der Aktivitäten im europäischen Ausland zur Zielsetzung von WeberHaus, betreibt das Unternehmen die internationale Ausrichtung im Moment eher verhalten. WeberHaus verfügt zwar über ausgezeichnete Kontakte nach England, wo insbesondere die High-End-Produkte aus Linx, also frei geplante Architektenhäuser und Traumvillen, gefragter

Oben links: Florian Braun, Bundessieger des Zimmererhandwerks 2007
Oben rechts: Manuel Gaede, Landessieger 2009
Unten von links: Andreas Bayer (Werksleiter Wenden), Werner Ernst (Produktionsleiter Wenden) und Fabian Heinbach, Landessieger von 2010, sowie Hans Weber

sind als je zuvor. Heidi Weber: „Neben dem sehr starken regionalen Markt in Süddeutschland richten wir unser Augenmerk auf das Geschäft in ganz Deutschland, der Schweiz, Frankreich, Luxemburg, England und Irland." Nicht nur das. Nachdem seit geraumer Zeit viel Geld in die Modernisierung und Erweiterung bestehender Bausubstanz investiert wird, bietet sich auch dort ein attraktiver Markt. Vor allem will WeberHaus das Geschäft mit Objektbauten weiter vorantreiben. Fünfgeschossig baut das Unternehmen bereits, ein sechsgeschossiges Gebäude ist in Planung. Die dort gesammelte Kompetenz, zusammen mit dem Wunsch vieler Investoren, mehr auf die Qualität – insbesondere die energetische Qualität – ihrer Gebäude zu achten, und der Bereitschaft, dafür auch mehr zu bezahlen, sorgen für erheblich mehr Aktivität in diesem Bereich. Als Referenzobjekt, das mögliche Investoren auch auf dem WeberHaus-Gelände von den Vorteilen mehrgeschossiger Fertigbauten in Holzbauweise überzeugen wird, dient das neue Bürogebäude im Werk Linx. Der Bau dieses Hauses ist gleichzeitig ein kleiner Abschied. Denn es wird genau an der Stelle errichtet, an der jahrzehntelang das alte „Wohnhaus-Büro" von Hans und Christel Weber stand.

Im Jahr 2015 baute WeberHaus 750 Häuser, der Umsatz erreichte die Rekordsumme von rund 225 Millionen Euro (2014: 209 Mio. Euro). Und das Jahr 2016 hat vielversprechend begonnen. Das Unternehmen gilt als Qualitätsführer in der Branche. WeberHaus ist eine Marke wie Mercedes und Samsung – oder Bayern München. „Wir spielen ganz vorne in der Champions League mit. Die Kunst wird sein, jedes Jahr so hart zu trainieren, dass wir dort auch bleiben", sagt Heidi Weber kämpferisch.

WeberHaus ist im 21. Jahrhundert angekommen. Für das wünscht sich die Chefin vor allem, dass die Suche nach innovativen Trends in den Bereichen des nachhaltigen Bauens und Wohnens immer weiter gehe und sie ihre Mitarbeiter auch morgen noch beschäftigen könne. Ihre Zielsetzung ist klar umrissen: WeberHaus in die dritte Generation zu überführen und unabhängig zu bleiben. „WeberHaus muss auch weiterhin mehr bieten als ein reiner Dienstleister.

So schön kann Wohnen sein: Ein frei geplantes Architektenhaus

Wir wollen nicht nur innovativ sein, sondern mit unseren Ideen die Herzen der Menschen erobern, ihnen ein Zuhause schaffen, das sie rundum glücklich macht", so Heidi Weber.

Und Hans Weber ergänzt: „Ich möchte meinen Nachfolgern folgenden Rat mit auf den Weg geben: Wachstum ja – aber mit bescheidenen Sprüngen. Eine Zeit der kontinuierlichen Auslastung, ohne Überstunden oder ohne Einschränkung der Produktion, ist der Traum eines jeden Unternehmers. Meist sieht die Realität aber anders aus. Auch das ist die Aufgabe der Unternehmensleitung, mit solchen Extremen fertig zu werden. Es gibt immer wieder gute Zeiten und ebenso schlechte Zeiten. Diese jeweils rechtzeitig zu erkennen und für WeberHaus das Beste daraus zu machen, ist die größte Herausforderung."

Lichtdurchflutet, extravagant, luxuriös: Frei geplante Villen mit Wow-Effekt

Nachwort

von Heidi Weber

Der deutsche Dichter Christian Morgenstern schrieb vor mehr als 100 Jahren: „Zeige mir, wie du baust, und ich sage dir, wer du bist.“ Präziser kann man wohl kaum formulieren, wie viel Individualität in jedem einzelnen Haus steckt: die des Bauherren, aber auch die des ausführenden Unternehmens, im Idealfall WeberHaus. Jedes von uns gebaute Haus atmet die Kreativität und Erfahrung, die Einstellung und den Esprit, die Grundhaltung und die Genialität vieler Mitarbeiter, nicht zuletzt die meines Vaters, Hans Weber. In diesem Jahr feiert er seinen 80. Geburtstag – und ich habe vor seinem Lebenswerk den größten Respekt. Sein Einfallsreichtum und sein Schöpfergeist sind beispiellos. Aus dem Nichts hat er ein Unternehmen erschaffen, das heute 1.100 Menschen beschäftigt und seit 1960 insgesamt 35.000 Häuser gebaut hat.

Die vorliegende 3. Auflage seiner *Lebens(T)räume* gibt einen umfangreichen Einblick in das

Leben und Wirken dieses Fertighaus-Pioniers, für den Wohnen Leben ist, und für den das Unternehmen Familie ist. Weil das so ist, ließen sich auch die Konfliktfelder zwischen Firma und Familie, Nachfolge und Eigentum, die sich in jedem Familienunternehmen auftun, immer fruchtbar beackern. Veränderungen sind bei WeberHaus ohnehin Teil des Geschäftsmodells. Das heißt bei WeberHaus bis heute: Herausforderungen annehmen und bewältigen, indem Strukturen des Unternehmens auf den Prüfstand gestellt werden. Das ist bei der Nachfolge nicht viel anders. Möge mir der Seniorchef noch lange zur Seite stehen – als Vater und als unentbehrlicher Ratgeber!

Anhang

Meilensteine, Preise und Ehrungen

1960	Übernahme einer kleinen Zimmerei und Gründung der Firma WeberHaus in Linx, später Rheinau-Linx Erwerb einer Lizenz
1961	Bau der ersten drei vorgefertigten Häuser
1970	Konzentration auf den Fertighausbau. Erste Werkshallen in Linx
1975	„Haus des Monats" der Fachzeitschrift „bauen + Fertighaus" für das WeberHaus-Modell 400
1978	Bau des Werkes in Wenden-Hünsborn/NRW
1984	Ehrung für „Beispielhafte Leistungen in der Berufsausbildung junger Menschen" durch Bundespräsident Karl Carstens
1985	Das erste Bauherrenzentrum der Branche wird in Rheinau-Linx eröffnet
1988	Urkunde für herausragende Leistungen im Betrieblichen Vorschlagswesen, verliehen vom Deutschen Institut für Betriebswirtschaft, Frankfurt a. M.
1991	WeberHaus führt als erstes Hausbauunternehmen die Niedrigenergiebauweise als Standard ein Denkerpreis des Deutschen Instituts für Betriebswirtschaft für das beste betriebsinterne Vorschlagswesen

1992	Bau des Werkes in Mainburg
1995	Gründung von Montagestützpunkten in Ostdeutschland
1996	Umweltschutzpreis des Kreises Ortenau
1997	Eurosolar-Preis der Europäischen Vereinigung für erneuerbare Energien e.V. für das Hauskonzept Övolution
1997	„Goldene DM“ der Zeitschrift „DM“ (heute „Euro“) für das Hauskonzept Övolution in der Kategorie Innovationen
1998	Umweltpreis des Ministeriums für Umwelt und Verkehr des Landes Baden-Württemberg für vorbildliche Leistungen bei der Förderung des betrieblichen Umweltschutzes und der umweltorientierten Unternehmensführung
	Internationaler Design Award für Övolution vom Design Center Stuttgart und Landesgewerbeamt Baden-Württemberg
1999	Designpreis des Landes Baden-Württemberg
	Entwurf Rainbow wird „Leserhaus“ der Zeitschrift „Einfamilienhaus“
2000	40 Jahre WeberHaus. Eröffnung der „World of Living“, Europas erstem Infotainment-Park zum Thema „Bauen und Wohnen“
2001	Umweltpreis des Passivhaus-Instituts

2002	Allökh-Siegel des IUG (Institut für Umwelt und Gesundheit, Fulda) für allergikergerechtes und ökologisches Bauen
	Auszeichnung „Guter Bau“ für die Halle der Kreationen vom Bund Deutscher Architekten
	Schließung des Werkes in Mainburg
2003	Holzbaupreis des Landes Baden-Württemberg, Sonderpreis Ortenau, für Option
2004	Architekturpreis der Zeitschrift „Häuser“ für das Hauskonzept Option
	Preis des Deutschen Fertigbaus
2005	Preis für das „Haus des Jahres“ der Zeitschrift „Einfamilienhaus“
	Preisträger im Wettbewerb English Partnership
	Als erstes deutsches Fertighausunternehmen erhält WeberHaus die Europäische Technische Zulassung
2007	Verleihung des klima:aktiv Zertifikats in Wien
	CRM-Award in Gold für den umfangreichen Kundenservice und den einzigartigen Kundenclub „WeberHaus family“ durch die Zeitschrift „acquisa“
2008	Bei einer Leserbefragung der Zeitschrift „Der Bauherr“ geht das individuell geplante Kundenhaus Würmli als Sieger hervor
	Ein WeberHaus-Kunde belegt den 1. Platz im Wettbewerb „Das schönste Fertighaus“ der Zeitschrift „Schöner Wohnen“

2009	Das Kundenhaus Schulz-Sülverkrübbe belegt den dritten Platz beim Wettbewerb „Leserhaus“ von der Zeitschrift „Der Bauherr“ WeberHaus erhält die CE-Kennzeichnung der EU. Mit der CE-Kennzeichnung dürfen Weber-Häuser ohne weitere Prüfung in alle Länder des europäischen Wirtschaftsraumes verkauft werden
2010	Das 30.000. WeberHaus wird gebaut und 50 Jahre WeberHaus gefeiert Premiere des zukunftsweisenden Hauses generation5.0 mit dem WeberHaus PlusEnergie-Konzept, einer intelligenten Haussteuerung und integrierter Solartankstelle
2011	CRM-Award in Silber durch die Zeitschrift „acquisa“ in der Kategorie „Weiterentwicklung“. WeberHaus ist nun die einzige Firma in der Geschichte des CRM-Awards, die zweimal ausgezeichnet wurde WeberHaus erhält im Rahmen des großen deutschen Fertighauspreises für die Baureihe generation5.0 einen der begehrten Cubes in der Kategorie Technik Einführung der Wand ÖvoNaturTherm Bau einer Photovoltaik-Anlage auf den Produktionshallen in Rheinau-Linx mit einer Gesamtfläche von 7.000 Quadratmetern. Die Anlagengröße beträgt 1.000 kWp

2012	WeberHaus PlusEnergie ist Preisträger im Wettbewerb „365 Orte im Land der Ideen“
	Deutscher Traumhauspreis 2012 in der Kategorie Business Class für das Ausstellungshaus in Köln
	Das neue Hauskonzept „ebenLeben“ wird vorgestellt
2013	In Wenden-Hünsborn wird das 35-jährige Bestehen des dortigen Werkes gefeiert
2014	WeberHaus stiftet den Holzbaupreis, mit dem jeweils die innungsbesten Zimmerer eines Jahrgangs geehrt werden
2015	Zum 55-jährigen Bestehen von WeberHaus geht die Baureihe generation5.5 an den Start
	Die „WeberHaus-Objektbau“ startet mit einem Pilotprojekt: Bau eines mehrgeschossigen Wohnhauses in Kehl
	Deutscher Traumhauspreis 2015 für das Ausstellungshaus Wuppertal in der Kategorie PlusEnergie-Häuser
	Als einziges Unternehmen aus der Fertighausbranche erhält WeberHaus die Auszeichnung „Service Champion“
2016	Zertifikat „wohnmedizinisch empfohlen“ von der Gesellschaft für Wohnhygiene, Baumedizin und Innenraumtoxikologie e.V.

Kurz-Vita von Hans Weber

28.9.1936	Geburt in Pangalan-Brandan auf Sumatra als zweites von drei Kindern von Friedrich und Luise Weber, geb. Häfele
1944	Während des Zweiten Weltkriegs Evakuierung nach Japan, Verlust des Vaters, der als Bautechniker eines holländischen Unternehmens tätig war
1947	Rückkehr nach Rheinau-Linx in Baden-Württemberg, dem Heimatort der Eltern
seit 1949	Aktiver Musiker beim Musikverein „Harmonie Linx“
1959	Meisterprüfung im Zimmererhandwerk mit 22 Jahren
1959–1997	1. Vorsitzender des Sportvereins SV Linx.
1960	Übernahme einer kleinen Zimmerei und Gründung der Firma WeberHaus in Linx, später Rheinau-Linx
1963	Heirat mit Christel Weber, geb. Scheurer
1964	Tochter Heidi wird geboren
1985	Verleihung der Ehrennadel des Landes Baden-Württemberg an Hans Weber
1987-2004	20 Jahre Präsident des Bundesverbandes Deutscher Fertigbau (BDF), Bad Honnef

1987 Verleihung des Bundesverdienstkreuzes am Bande an Hans Weber durch Bundespräsident Richard von Weizsäcker

1990-2005 Mitglied des Kuratoriums der Wirtschaftsregion Offenburg/Ortenau (WRO), Offenburg

1992 Präsident des Sportvereins SV Linx

1993 Die DFB-Verdienstnadel als Anerkennung für langjährige erfolgreiche Arbeit für den Fußballsport

seit 1996 Mitglied des Kuratoriums Förderverein krebskranker Kinder, Freiburg i. Brsg.

1997 Verleihung des Bundesverdienstkreuzes 1. Klasse

1998 Goldene Ehrennadel für 50-jährige aktive Tätigkeit als Blasmusiker

2000 Verleihung des Goldenen Meisterbriefs

2004 Ehrenpräsident des Bundes Deutscher Fertigbau

2006 Wirtschaftsmedaille des Landes Baden-Württemberg für herausragende Verdienste um das Land Baden-Württemberg

2007 28. Juni: Gründung einer Fußballschule in Zusammenarbeit mit Lothar Strehlau (Ex-Coach des SV Linx und Co-Trainer des KSC)

2009	Hans Weber steht seit 50 Jahren an der Spitze des SV Linx / SVL 60 Jahre ist Hans Weber als Trompeter aktiver Musiker bei der Harmonie Linx.
2010	Verleihung des Diamanten Meisterbriefs Buch „Hans Weber– Lebens(t)räume“ erscheint in 1. Auflage
2012	Hans Weber wird das Ehrenbürgerrecht der Stadt Rheinau verliehen. Mit dieser Auszeichnung werden seine außergewöhnlichen Verdienste für das Wohl der Bürgerinnen und Bürger und das Ansehen der Stadt gewürdigt Buch „Hans Weber – Lebens(t)räume“ erscheint in 2. Auflage
2013	Am 25.10.2013 verlieh das Internationale Wirtschaftsforum Hans Weber den Business-Award für seine herausragenden unternehmerischen Leistungen
2014	Christel und Hans Weber sind Gründungsstifter der gemeinnützigen Bürgerstiftung Rheinau
2015	Hans Weber wird die Ehrenmitgliedschaft des Kuratoriums zur Förderung der Wissenschaft und Forschung für seine Verdienste um den Förderverein für krebskranke Kinder Freiburg i. Brsg. verliehen

Autoreninformation

Frank Simon, geb. 1955, ist ausgebildeter Kaufmann, studierter Pädagoge und Publizist. 15 Jahre arbeitete er als TV-Journalist in den Bereichen Politik und Aktuelles. An der Johannes-Gutenberg-Universität Mainz hielt er acht Jahre lang Vorlesungen im Bereich Mediendidaktik.

Als langjähriger Autor des WDR produzierte er rund 500 Filme und TV-Berichte – darunter Porträts und Dokumentationen mit und über Willy Brandt, Helmut Kohl, Johannes Rau, Wolfgang Clement, Norbert Lammert etc. Neben einer Reihe von persönlichen Biografien und Lebensgeschichten stammen verschiedene Firmenchroniken und -biografien aus seiner Feder.

Hermann Strasser, geb. 1941, war von 1977 bis 2007 Lehrstuhlinhaber für Soziologie an der Universität Duisburg-Essen, seit März 2007 emeritiert. Er studierte Nationalökonomie und Soziologie in Innsbruck, Berlin und New York. Seine Lehr- und Forschungsschwerpunkte waren soziologische Theorie, Kultursoziologie und Sozialstrukturanalyse.

Neben mehr als 300 wissenschaftlichen Aufsätzen ist er Autor bzw. Herausgeber von mehr als 30 Büchern, schreibt seit vielen Jahren Biografien über Unternehmen und Persönlichkeiten. Zuletzt erschien seine Autobiografie „Die Erschaffung meiner Welt: Von der Sitzküche auf den Lehrstuhl“ (3. Aufl. 2016) und sein Kurzgeschichtenband „Gestatten, bestatten!“ (2012).

ikotesVerlag
Menschen bewegen...

Bernhard Schwendemann

Dao Qigong – Die 24 Übungen

Eine Reise zur inneren Quelle für Wohlbefinden und Kraft

Die 24 Übungen sind ein Ausschnitt aus der Vielfalt des Tai Chi und Qigong und haben sich in ihrer Wirksamkeit für Körper und Geist bewährt. Sie sind für jedes Alter geeignet. Die Übungen entspannen die Muskeln, verbessern Ihre Beweglichkeit und helfen Ihnen, zur Ruhe zu kommen. Körper und Geist werden in ein energetisches Gleichgewicht gebracht, die natürlichen Selbstheilungskräfte werden aktiviert. Auf der beiliegenden DVD zeigt Tai-Chi-Meister Bernhard Schwendemann alle Übungen.

80 Seiten, Hardcover • ISBN 978-3-941626-22-5 – mit DVD

Dr. Reni Berg

Ich sein – Mut zum Ich

Aus einem Roman etwas über Rhetorik, Körpersprache und Kommunikation lernen? Das geht!

Souverän sein und authentisch bleiben. Andere für sich gewinnen und sich in schwierigen Situationen selbstbewusst durchsetzen. Gelassen sein in jeder Lage; überzeugen können und ohne Lampenfieber präsentieren und verhandeln – wer wünscht sich das alles nicht? Dieser spannende Rhetorik-Roman vermittelt Ihnen sofort anwendbare Strategien für eine erfolgreiche Persönlichkeitsentwicklung.

528 Seiten, Hardcover • ISBN 978-3-941626-08-9

Fritz Kratzeisen

... und dann machte ich mich auf den Weg ...

Mit dem Fahrrad in vier Jahren um die ganze Welt

Mit 64 Jahren erfüllte sich der Autor seinen Lebenstraum und machte sich auf den Weg, die Welt mit dem Fahrrad zu umrunden. Fritz Kratzeisen zeigt, dass man (auch) als Rentner noch viele Abenteuer bestehen kann.

368 Seiten, Softcover • ISBN 978-3-941626-09-6

Thomas Hochgeschurtz

Konsequent. — **Der Management-Roman – Teil 1** — **ISBN 978-3-941626-00-3**

Einfach. — **Der Management-Roman – Teil 2** — **ISBN 978-3-941626-06-5**

Tim Simons Karriere beginnt in einem Unternehmen mit typischen Führungsmethoden und Verhaltensweisen der Führungskräfte und Mitarbeiter. Erleben Sie, wie eine einfache und wirksame Methode der Mitarbeiterführung entsteht – das NTT: Wie wird man ein guter Mitarbeiter, was macht eine wirklich gute Führungskraft aus? Zwei Begriffe tauchen in der Geschichte immer wieder auf: „Erwartung“ und „Konsequenz“...

In Teil 2 der Reihe stellt sich Tim der Herausforderung, ein Unternehmen am Standort Deutschland zu erhalten. Der Betrieb steuert auf eine Katastrophe zu...

3 Antworten, die das Buch gibt

1

Erfolgreich durch Krisen – wie geht das?

In der Doppeldeutigkeit dieser Frage zeigt sich das Potenzial, das in Krisen steckt. Erfolge und Krisen gehen eine Partnerschaft ein, bei der das eine nicht ohne das andere existieren kann. Kein neu erschaffener Phönix ohne Asche, keine Rückschläge ohne Höhenflüge, kein Neubeginn ohne Krisen. Das Buch zeigt, wie man in fünf Schritten erfolgreich durch Krisen steuert, und stellt dafür viele praktische Übungen und bewährte Tools zur Verfügung.

2

Wie kann man mit Resilienz das Krisen-Immunsystem stärken und nach einem Tief Kraft tanken und neue Höhen ansteuern?

Heute weiß man dank der Resilienz-Forschung, was Menschen stark macht – man kennt die entscheidenden seelischen Schutzfaktoren. Das Buch gibt Antworten darauf, wie man nach einer Krise wieder Glück erlebt. Der Bogen wird dabei von Effectuation, über Humor, bis zum Erreichen des Flow-Zustands gespannt. Anhand von Übungen wird gezeigt, wie man sich (und andere) fordert und damit fördert.

3

Wie können Unternehmen und deren Mitarbeiter Krisen in Erfolge verwandeln und Resilienz nutzen?

Trotz seiner Wichtigkeit wird das Thema „Krisen in Unternehmen" nach wie vor tabuisiert – lediglich in Krisenzeiten ist es in aller Munde. Dabei ist es für Unternehmen wichtig, durch richtiges „Niederlagen-Management" sicherzustellen, dass die enormen Lernchancen, die jeder Rückschlag in sich birgt, genutzt werden. In der Managementliteratur findet man bisher reichlich wenig zum Thema. Diese Lücke schließt das vorliegende Buch.